Neruda Blau
Ein poetisches Spiel mit der »schönsten aller Farben«

DAS **BLAU** GEBOREN WURDE? ¿QUIÉNES GRITARON DE ALEGRIA QUANDO NACIÓ EL COLOR **AZUL**? WER SCHR

E, ALS DAS **BLAU** GEBOREN WURDE? ¿QUIÉNES GRITARON DE ALEGRIA QUANDO NACIÓ EL COLOR **AZUL**? WER

Neruda Blau

Ein poetisches Spiel mit der »schönsten aller Farben«

Zusammengestellt, kommentiert und herausgegeben von
Gabriele Pommerin-Götze
Bilder von Bómbolo N. Graubner

SCHREIBPROJEKT I

NATIONALBIBLIOTHEK
DES DEUTSCHSPRACHIGEN
GEDICHTES

DAS **BLAU** GEBOREN WURDE? ¿QUIÉNES GRITARON DE ALEGRIA QUANDO NACIÓ EL COLOR **AZUL**? WER SCHR

© Realis Verlags-GmbH 2003

Die Verwertung der Texte und Bilder, auch auszugsweise, ist ohne
schriftliche Zustimmung von Autoren und Verlag urheberrechtswidrig.
Dies gilt auch für Vervielfältigungen,
Übersetzungen, Mikroverfilmungen und für die Verarbeitung
mit elektronischen Systemen.

Druck und Bindung: Ebner & Spiegel, Ulm
Printed in Germany 2003

Gedruckt auf alterungsbeständigem Papier
mit chlorfrei gebleichtem Zellstoff

ISBN 3-930048-41-8

Inhalt

Die Entstehung des poetischen Schreibspiels 7

Ein fiktiver Dialog zwischen Pablo Neruda und den
Nachgeborenen 21

»Sänger der Sanftmut«:
Der blaue Faden durch Pablo Nerudas literarisches Universum 132

Register der Autorinnen und Autoren 155

Literaturnachweis 157

DAS **BLAU** GEBOREN WURDE? ¿QUIÉNES GRITARON DE ALEGRIA QUANDO NACIÓ EL COLOR **AZUL**? WER SCHR

Das Projekt in Blau widme ich meinem
Vater Nikolaus, der mich vor
vielen Jahren dazu verleitete, am falschen Ort,
zur falschen Zeit das Lied
»Blau sind die Augen der Frauen beim Weine«
anzustimmen.
Und für die Folgen nicht eingetreten ist.

Die Entstehung des poetischen Schreibspiels

Vor über zehn Jahren stieß ich eher durch Zufall denn durch planvolles, systematisches Suchen bei der Lektüre des Gesamtwerks des großen chilenischen Dichters Pablo Neruda auf dessen Buch »Libro de las preguntas«, übersetzt als »Buch der Fragen«. Mich beeindruckten die vermeintlich naiven Fragen des großen Dichters, die – auf den ersten Blick gesehen – auch aus Kindermund hätten stammen können.

Vor allem drei Fragen hatten es mir angetan:

»¿A quién le puedo preguntar qué vine a hacer en este mundo?«
Wen kann ich fragen, warum ich auf dieser Welt bin?

»¿Hay algo más triste en el mundo que un tren immóvil en la lluvia?«
Was gibt es Traurigeres auf der Welt als ein Zug im Regen, der nicht fährt?

»¿Quiénes gritaron de alegría quando nació el color azul?«
Wer schrie vor Freude, als das Blau geboren wurde?

Die Frage nach der »Geburt des Blau« schließlich gab den Anstoß zu diesem Schreibprojekt. Die erste Antwort, die ich erhielt, stammte von der elfjährigen türkischen Schülerin Yasmin, die in Nürnberg lebt:
»Ich war's auf jeden Fall nicht, denn meine Lieblingsfarbe ist rot!«

Dies als erste Antwort zu erhalten, irritierte mich damals sehr; ich gestehe es freimütig ein.

Empfand die Schülerin den Schreibanlass als wenig motivierend, gar zu skurril? Oder hatte sie einfach einer spontanen Abneigung entsprochen und »keine Zeit«, sich auf eine Nonsens-Frage einzulassen, zumal das »Spiel« auch noch in der Schule stattfand? Steckte aber in dieser Verweigerung nicht möglicherweise eine gehörige Portion Witz und Pfiffigkeit, die ich im ersten Moment nicht wahrzunehmen vermochte? Vielleicht wollte mir Jasmin auch zu verstehen geben, dass Blau sie nun einmal nicht »anmachte«, das aufregende und anregende Rot dagegen sie aus der Reserve gelockt hätte? Eine Lektion also über die ontologische Entwicklung des Farbenlernens bei Kindern?

»Rot wird als erste Farbe aus dem Spektrum ausgegliedert, die Differenzierung zwischen Blau und Grün gelingt in der Regel am spätesten und fällt am schwersten«, so die Ergebnisse ontogenetischer und synästhetischer Untersuchungen, die Regina Keil in ihrem Beitrag »Von Blaustrümpfen und Blaumäulern« zusammenfassend darstellt. Das relativ späte Auftauchen der Farbe Blau in der kindlichen Farbwahrnehmung und -differenzierung korrespondiert bei verschiedenen Völkern bzw. Kulturgemeinschaften in erstaunlicher Weise mit dem Herausbilden eines »universellen Bestands von elf Grundfarbkategorien«, die in der folgenden Reihenfolge auftauchen: weiß, schwarz, rot, grün, gelb, blau, braun, violett, rosa, orange und grau ... So spiegelt sich die Phylogenese in der Ontogenese wider und umgekehrt; eine Beobachtung, die die Autorin durch kultur- und sprachvergleichende Untersuchungen bestätigt sieht *(vgl. dazu Regina Keil: Von Blaustrümpfen und Blaumäulern. Linguistische Betrachtungen zu einem plümeranten Thema. In: Blau. Farbe der Ferne. Hrsg. von Hans Gercke. Verlag Das Wunderhorn, Heidelberg 1990, S. 214 ff.[1]).*

---

[1] Unwidersprochen blieb diese Hypothese im Schnittpunkt kulturanthropologischer und ethnologischer Theoriebildungen selbstverständlich nicht. Allerdings können wir diesen Fragen hier nicht weiter nachgehen; interessierten Leserinnen und Lesern sei die Lektüre folgender Literatur empfohlen:
K. G. Goetz: Waren die Römer farbenblind? In: Archiv für Lateinische Lexikographie und Grammatik, 14 (1906), S. 75-88.
Hugo Magnus: Untersuchungen über den Farbsinn der Naturvölker. Jena 1880.
Helmut Gipper: Die Bedeutung der Sprache beim Umgang mit Farben. In: Physikalische Blätter, 12/12 (1956), S. 540-548.
Werner Abraham: Synästhesie als Metapher. In: Folia Linguistica, 21 (1967), S. 155-190.
Roman Jacobsen: Child Language, Aphasia und Phonological Universals. The Hague 1968.

Existieren aber – trotz der Annahme eines universalen Bestands von Grundfarbkategorien bei verschiedenen Völkern – nicht auch kulturspezifische oder gar individuelle Unterschiede in der Bedeutung von Farben? Geht die Psychologie der Farben also eher von einer universalen denn von unterschiedlichen individuellen Wirkungen der Farben auf den jeweiligen Seelen- und Bewusstseinszustand von Menschen aus? Und wie kommt es eigentlich, dass man einerseits mit der Farbe Blau ganz spontan und ohne zu zögern zu allererst Himmel und Meer als positive Topoi assoziiert, andererseits aber das Blau mit melancholisch-tristen Stimmungen und dem Zustand von Krankheit und Depression in Verbindung bringt, wie wir auch an folgenden Beispielen und Redewendungen sehen können: »I am feeling blue«, »Blauer Montag«, »Blau machen«, »The Blues«, »Das Blaue vom Himmel herunterlügen?«

Werfen wir einen kurzen Blick in die Kulturgeschichte und Psychologie der Farbenlehre: »Die Menschen empfinden im allgemeinen eine große Freude an der Farbe«, so schreibt Goethe in seiner Farbenlehre in Vers 759. »Das Auge bedarf ihrer, wie es des Lichtes bedarf. Man erinnere sich der Erquickung, wenn an einem trüben Tag die Sonne auf einen einzelnen Teil der Gegend scheint und die Farben daselbst sichtbar macht ...« Einige Zeilen weiter heißt es bei Goethe:

»Aus der Idee des Gegensatzes der Erscheinung, aus der Kenntnis, wie wir von den besonderen Bestimmungen desselben erlangt haben, können wir schließen, daß die einzelnen Farbeindrücke nicht verwechselt werden können, daß sie spezifisch wirken, und entschieden spezifische Zustände in dem lebendigen Organ hervorbringen müssen. ...« *(Johann Wolfgang Goethe (1808): Sinnlich-sittliche Wirkung der Farbe. In: Sämtliche Werke. Band 16. Artemis Verlag/Deutscher Taschenbuch Verlag, Zürich 1977, S. 206-211.)*

Vom »inneren Klang der Farben« spricht auch Kandinsky in seinen kulturtheoretischen Reflexionen »Über das Gefüge der Kunst«, in denen er explizit Bezug nimmt auf die Farbenlehre Goethes und Delacroix'. Die Farbe, das Pendant zur Form, ist – so Kandinsky – einerseits charakterisiert durch »Wärme und Kälte des farbigen Tons, andererseits [durch] Helligkeit und Dunkelheit desselben« *(Wassily Kandinsky: Über das Geistige in der Kunst. Benteli Verlag, Bern 1952, S.87).*

In der Sprache einer modernen Farbpsychologie werden Farben als »Strahlungskräfte« bzw. »Energien« definiert, die grundsätzlich positiv oder negativ auf uns einwirken und uns in der Natur als »mächtige Erscheinungsformen« ständig umgeben. »Die Erfahrungen«, so Ingrid Riedel, »die wir mit einer Farbe in der Natur machen, prägen unser Farberleben wohl am nachhaltigsten. Ihnen entspringen auch die übertragenen Bedeutungen, die wir einer Farbe beilegen: so der Erfahrung des neuen Grünens in der Natur die Bedeutung »Grün ist die Hoffnung« *(Ingrid Riedel: Farben. In: Religion, Gesellschaft, Kunst und Psychotherapie. Kreuz Verlag, Stuttgart 1999, S. 8).*

Wichtige Erkenntnisse lassen sich aus den bisherigen Betrachtungen über die Farbenlehre ziehen:

1. Die Natur ist das primäre und wichtigste Reservoir für die Entwicklung des menschlichen Farbempfindens, allerdings nicht in der Weise, dass wir nur die in der Natur vorfindbaren Farben benennen müssten. Mit der Benennung und Differenzierung von Farben ist zugleich ein Akt der Entscheidung und Interpretation des jeweiligen Farbtons und der durch ihn ausgelösten Empfindungen impliziert. Sonst wären wohl kaum unterschiedliche Farbwahrnehmungen und die durch sie evozierten seelischen Empfindungen in den einzelnen Gesellschaften und auch innerhalb einer Gesellschaft in den vergangenen Jahrhunderten zu erklären. Das dialektische Verhältnis von Sprache und Wirklichkeit ist zentraler Gegenstand der Reflexionen bei Wilhelm von Humboldt. »Durch die gegenseitige Abhängigkeit des Gedankens, und des Wortes von einander leuchtet es klar ein, dass die Sprachen nicht eigentlich Mittel sind, die schon erkannte Wahrheit darzustellen, sondern, weit mehr, die vorher erkannte zu entdecken. Ihre Verschiedenheit ist nicht eine von Schällen und Zeichen, sondern eine Verschiedenheit der Weltansichten selbst ... Die Summe des Erkennbaren liegt, als das von dem menschlichen Geiste zu bearbeitende Feld, zwischen allen Sprachen, und unabhängig von ihnen, in der Mitte; der Mensch kann sich diesem objectiven Gebiet nicht anders, als nach seiner Erkennungs- und Empfindungsweise, also auf einem subjectiven Wege nähern.« *(Wilhelm von Humboldt: Werke. Band 3. Schriften zur Sprachphilosophie, daraus: Ueber das vergleichende Sprachstudium in Beziehung auf die*

verschiedenen Epochen der Sprachentwicklung [29. Junius 1820]. 5., unveränderte Auflage. Wissenschaftliche Buchgesellschaft, Darmstadt 1979, S. 19-20).

2. Naturphänomene liefern also zwar wesentliche Anhaltspunkte zur Farbwahrnehmung und -differenzierung, wie etwa himmelsblau, feuerrot, grasgrün, rabenschwarz, goldgelb etc., d.h., Farben rekurrieren auf konkrete Naturerscheinungen, verweisen aber – auf einer abstrakteren Ebene – auf Transzendentales – ja, in ihrer Gleichsetzung mit Gefühlen oder Seinszuständen wirken sie metaphorisch: Grün ist die Hoffnung, Gelb ist der Neid, Blau die Treue, Schwarz der Tod, Rot (wie) die Liebe und Weiß (wie) die Unschuld. Farben sind demnach auch Symbole für menschliche Gefühle, Stimmungen oder existenzielle Zustände und finden ihren sprachlichen Ausdruck häufig in einfachen Gleichungen, und zwar in der Form des zeitlosen und damit allgemein gültigen Präsens.

3. Farben lösen keine eindeutige Wirkung aus, sondern sind grundsätzlich ambivalent. Ob sie zur Plus- oder Minusseite des Farbspektrums gehören, hängt u.a. davon ab, zu welchen anderen Farben sie tendieren, welche Wirkungen einer Farbe in einer Gesellschaft bzw. Kultur zugeschrieben werden und welche Stimmungen sie für den einzelnen Menschen in einer bestimmten Situation erzeugen.

So ist Rot zugleich die Farbe der Leidenschaft, des Bluts, der Liebe, aber auch die des Feuers oder des Zorns; Gelb ist die Farbe der Sonne, des Lichts, aber auch des Neids.

- Blau ist die Farbe des Himmels und des Meeres.
- Blau ist die Farbe der Ferne, der Sehnsucht und der Transzendenz.
- Blau ist aber auch die Farbe der Kälte sowie der Ruhe.
- Blau gilt dem Linguisten als die schwierigste der Farben.
- Blau ist die Farbe des Unbestimmten und die immateriellste aller Farben.
- Blau ist die göttliche Farbe der Madonna.
- Den Buddhisten gilt Blau als die Farbe des Heilens.
- Blau ist eine geistige Farbe, sagt Kandinsky.
- Nach Benn symbolisiert die Farbe Blau die Versöhnung von Licht und Dunkel.
- Blau entsteht durch kurzwellige Strahlung.

- Blau steht in der Spannung zwischen schwarz und weiß.
- Im Islam gilt Blau als die Farbe des Bösen.
- Blau ist die Farbe der Vertiefung und der Unendlichkeit.
- Für Neruda ist Blau schlicht »die schönste aller Farben«.

Noch immer gilt Kandinskys Wort: »Je tiefer das Blau wird, desto mehr ruft es den Menschen in das Unendliche, weckt in ihm die Sehnsucht nach Reinem und schließlich Übersinnlichem. Es ist die Farbe des Himmels, so wie wir ihn uns vorstellen bei dem Klang des Wortes Himmel ... Sehr tief gehend entwickelt das Blau das Element der Ruhe. Zum Schwarzen sinkend, bekommt es den Beiklang einer nicht menschlichen Trauer. Es wird eine unendliche Vertiefung in die ernsten Zustände, wo es kein Ende gibt und keines geben kann. Ins Helle übergehend, wozu das Blau auch weniger geeignet ist, wird es von gleichgültigerem Charakter und stellt sich zum Menschen weit und indifferent wie der hohe hellblaue Himmel.

Je heller also, desto klangloser, bis es zur schweigenden Ruhe übergeht – weiß wird. Musikalisch dargestellt ist helles Blau einer Flöte ähnlich, das dunkle dem Cello, immer tiefer gehend, den wunderbaren Klängen der Bassgeige; in tiefer, feierlicher Form ist der Klang des Blaus dem der tiefen Orgel vergleichbar.« (*Kandinsky a.a.O., 1952, S. 92-93*)

Farben und Klänge verbinden sich in synästhetischer Harmonie sogar mit Gerüchen. »Ich hörte die Farbe Blau« lautet der Titel eines Gedichtbands einer jungen isländischen Autorengruppe, der mit Bildern von Dorothea Reim herausgegeben ist.

Das Gedicht »Umbúdir«, zu deutsch »Die Hülle«, von Baldur Óskarsson ist Sinnbild von Transzendenz und Sehnsucht in synästhetischer Verbindung zu Klängen, Geräuschen und dem Schweigen.

Die Hülle

Fernblau
       und jede Verklärung
Verklärung ist Kenntnis, dies Blau

ich prüfte auf Haut
unsern Weg, so sagte ich manchmal
all das ist Stille von Licht.

Tag und Nacht –
dann erwachen die Worte
Tag und Nacht – sie ersterben
das Schweigen blau.

Das Schweigen blau – tausendarmig
und Bewegen stellt hochkant die Zeit
umzingelt die Zeit, legt glänzende Ketten
um, oben die Welt.

Meine Hand ward zum Segel.

Ich sah.

Weiß ist, ein bergendes Blatt
die Welt.

(Baldur Óskarsson: Die Hülle. In: Ich hörte die Farbe Blau. Poesie aus Island. Hrsg. von Gregor Laschen und Wolfgang Schiffer. Edition die horen, Bremerhaven 1992, S. 56-57.)

Die Ambivalenz der Farbe Blau zeigt Spuren in der Kulturgeschichte des Orients wie des Okzidents. Vertritt sie doch im Vorderen Orient und im gesamten Mittelmeerraum in den Türkistönen ausschließlich das Positive, das unvermittelt an Himmels- und Meeresblau erinnert, so symbolisiert das zum Schwarzen übergehende Blau schlechthin das Harte, das Dunkle, das Böse. Im Islam ist der »blaue Blick« identisch mit dem »bösen Blick«, der an die Augenfarbe des Feindes erinnern lässt. »Helle, blaue Augen sind für den Orientalen angsteinflössend. Sie sind die Quelle von Unglück. Es ist der böse, neidische, missgünstige Blick, den sie fürchten« *(Hanna Erdmann: Sinn und Gebrauch der Farbe Blau in der islamischen Welt. In: Blau: Farbe der Ferne. Hrsg. von Hans Gercke. Heidelberg 1990, S.71-81).* So finden wir noch heutzutage in vielen Ländern des Orients und in der

Türkei Amulette, die ein großes Auge reinsten Blaus darstellen, eine blaue Perle, ein Perlenband oder Handamulette mit eingelegtem Blau.

»Die Bekämpfung des ›bösen Blaus‹ durch die gleiche Farbe ähnelt dem Prinzip der Homöopathie ›similia similibus curantur‹, zu deutsch, ›das Ähnliche möge durch das Ähnliche geheilt werden‹; oder es gleicht dem Impfvorgang, bei dem ein Winziges des Giftes prophylaktisch verabreicht wird, um den Körper stark gegen eine Menge des gleichen Giftes zu machen, man trägt eine kleine blaue Perle, um sich gegen das Böse, das im Blau enthalten ist, zu schützen« (Erdmann, a.a.O., S. 81). Demnach ist es kein Widerspruch, den »bösen Blick« mit dem blauen Amulett zu bekämpfen und gleichzeitig von der »Blaureise«, der »Mavi yolçuluk«, durch die türkis- oder azurfarbene Ägäis zu schwärmen. Und wünscht sich nicht auch manche italienische Frau den »principe azur« als Traummann?

Wie kostbar das Blau in den vergangenen Jahrhunderten war, können wir uns vor Augen führen, wenn wir die Etymologie des Wortes – blau – von lapislazuli herleiten, dem kostbaren Gestein, aus dem die blaue Farbe durch aufwändige Verfahren auch tatsächlich gewonnen wurde, bevor sie synthetisch hergestellt werden konnte. Ist nicht der Umhang der Maria in der Malerei des christlich geprägten Abendlandes von einem strahlenden Himmelsblau, der göttlichen Farbe neben dem Gold? Wird nicht der Farbe Blau sowohl in der westlichen Psychiatrie wie im Buddhismus eine heilende Wirkung zugesprochen, die durch eine entsprechende Farbgestaltung der Krankenzimmer, durch inneres Schauen der Farbe oder durch eine künstlerische Produktion für die seelische und körperliche Rekonvaleszenz des kranken Ich genutzt wird?

Im Tagebuch der mexikanischen Malerin Frida Kahlo entdecken wir einen höchst eigenwilligen metaphorischen Zugang zu den Farben in Form eines Prosagedichts, der die Farbgewohnheiten der westlichen Welt auf den Kopf zu stellen scheint.

> »*Grün:* warmes und gutes Licht.
> *Rötlich Violett:* aztekisch. Tlapali (aztekisches Wort für ›Farbe‹, die zum Malen und Zeichnen verwendet wird). Altes Kaktusfeigenblatt.

Die lebendigste und älteste Farbe.
Braun: Farbe von mole, des vergehenden Blattes. Ende.
Gelb: Wahnsinn, Krankheit, Angst. Teil der Sonne und Freude.
Kobaltblau: Elektrizität und Reinheit, Liebe.
Schwarz: nichts als schwarz, wirklich nichts.
Blattgrün: Blätter, Traurigkeit. Wissenschaft. Ganz Deutschland hat diese Farbe.
Grüngelb: noch größerer Wahnsinn und Geheimnis. Alle Phantome tragen Anzüge von dieser Farbe ... oder zumindest Unterwäsche.
Dunkelgrün: die Farbe schlechter Nachrichten und guter Geschäfte.
Marineblau: Ferne. Auch Zärtlichkeit kann dieses Blau haben.
Magenta: Blut? Nun ja, wer weiß?«
(Zit. nach: Hayden Herrera: Frida Kahlo. Die Gemälde. Schirmer-Mosel, London 1992, S. 85)

Die Zuschreibung von Zärtlichkeit, vor allem aber von Elektrizität, zur Farbe Blau macht nicht nur die ungewöhnliche Sichtweise deutlich, die Frida Kahlo zeit ihres Lebens eigen war. Sie zeigt – neben Begriffen des Nahuatl, der Sprache der Azteken – auch den kulturellen Hintergrund des aztekischen Volkes, dem sich Frida Kahlo aufgrund ihrer Herkunft tief verbunden fühlte.

Nicht nur zur Darstellung von Himmel und Meer, zur Stilisierung des Göttlichen, als Farbe der Sehnsucht und der Ferne finden wir das oszillierende Blau in der Malerei des französischen Impressionismus und des Pointillismus. Auch der große Katalane Picasso durchlebte eine »blaue Periode«. Wie sonst, wenn nicht durch das Blau und die Kontraste zu Rot und Gelb, wären die expressionistischen Farbkompositionen zu erklären? Die Eiseskälte, die wir beim Anblick der Bilder von Edward Hopper spüren, ist sie nicht auf die abwesend und abweisend schauenden Menschen auf blassblauem Hintergrund zurückzuführen? Ist es ein Gerücht oder ein medizinischer Befund, dass Yves Klein letztlich an den giftigen Dämpfen seines monochromen Blaus den Tod gefunden hat? Beim Anblick dieses rauschhaften Blautons sprechen wir heute vom Yves-Klein-Blau.

Nicht nur die Malerei, auch die Weltliteratur lebt von den blauen Tönen. Die »Blaue Blume« von Novalis ist für das europäische Bewusstsein schlechthin das Symbol für die Suche nach Wahrheit und unerfüllter Liebe. Neben der Farbenlehre Goethes wird der Traum von der Blauen Blume von literarisch Interessierten immer als erste Assoziation mit dem Blau genannt.

> »Ich habe zu Hause ein blaues Klavier
> Und kenne doch keine Note.
> Es steht im Dunkel der Kellertür,
> Seitdem die Welt verrohte«.

So lauten die ersten vier Zeilen des Abschiedsgedichts von Else Lasker-Schüler, die sie »den unvergessenen Freunden und Freundinnen« widmete, die wie sie fortan »vertrieben und nun zerstreut in der Welt« leben mussten. Auch hier wieder ist Blau Ausdruck von Sehnsucht, die sich nicht erfüllen wird. Und ist die »Blaue Stunde« von Gottfried Benn nicht ebenfalls Liebes- und Abschiedsgedicht zugleich? Anna Seghers' Geschichte »Auf der Suche nach dem wirklichen Blau«, die in Mexiko spielt, aber von der Seghers erst zwölf Jahre später, als sie wieder nach Berlin zurückgekehrt war, verfasst wurde, bietet Lesarten auf sehr verschiedenen Abstraktionsebenen an: Sie ist einmal die Abenteuergeschichte des Töpfers Benito; er ist auf der Suche nach dem einzigartigen Blau für seine Töpfereien. Wie im Märchen gelingt es Benito schließlich, die Gefahren seiner Reise zu meistern, bis er sein geliebtes Blau schließlich findet. Sie ist weiterhin Symbol für die Suche nach Wahrheit, die während der Nazi-Herrschaft in Deutschland unterdrückt wird. Doch es zeigen sich Hoffnungsschimmer am Horizont: Die Rückkehr in ein »besseres«, ein sozialistisches, Deutschland war für die von der Möglichkeit eines humanen Kommunismus überzeugten Anna Seghers identisch mit dem (Wieder-)finden der Wahrheit – symbolisiert durch ein tiefgründiges Blau.

Literarische Funktionalität, synästhetische Umsetzungen in der Musik, Blautöne in der Bildenden Kunst wie auch in meiner alltäglichen Realität umgeben mich in Schrift und Bild, in Tönen und Farben. Jedes Blau gewinnt an Bedeutung, löst Glücksgefühle aus.

Welch eigentümlicher Zufall, dass mir just in dieser Zeit, in der ich dem Blau nachspürte, wieder einmal die »Rhapsodie in Blue« von George Gershwin und der Song »The dream of the blue Turtle« von Sting zu Ohren kamen. Überall sah und hörte, ja, ich schmeckte sogar fortan das Blau. Blaue Drinks wurden in der Eckkneipe während der »blue hour« zum halben Preis angeboten. Es musste natürlich ein Curaçao sein. Das »blue Café« lud zur Einweihungsparty ein. »Blue chips«, die Renner der jungen Wirtschaftsaufsteiger, wurden von den Banken offeriert. In der »blauen Nacht« präsentierte sich die Kunstszene Nürnbergs bereits im zweiten Frühsommer in einem geheimnisvollen tiefblauen Licht. An der Bushaltestelle Widhalmstraße, auf dem Weg zur Universität, sprang mir ein »cooles« Plakat geradezu ins Auge:

> Eisläuferin in Startpose von hinten
> in silbergrauem Outfit,
> eng wie eine zweite Haut,
> glitzernd vor einem azurblauen Himmel.
> Dahinter in großen schwarzen Lettern
> der entscheidende Satz:
>
> There ist no power without control!

»Genau das ist es!«, dachte ich. Das Explosive muss gebändigt werden. Rot und Blau sind in der Balance zu halten, sonst droht das Chaos!

Lag es an meiner selektiven Wahrnehmung, dass ich blaue Phänomene, die seit langer Zeit in der Wirklichkeit existierten, nun stärker in mein Bewusstsein aufnahm – oder leben wir tatsächlich in einer »blauen Zeit«, vielleicht in einer Renaissance der Romantik, zumindest aber in einer vom Blau gezeichneten androgynen Phase, wie die damals 85-jährige Malerin Hilde von Gumppenberg mutmaßte?

Die Suche nach dem Blau geriet allmählich zur Droge.

Und so legte ich die Frage Nerudas
»Wer schrie vor Freude, als das Blau geboren wurde?«
chilenischen Germanistikstudentinnen – im Rahmen meiner damaligen Gastprofessur an der Universidad Metropolitana in Santiago de Chile – zur freien Beantwortung vor.

Die Herkunft dieser Frage hielt ich zunächst zurück und bekam dennoch ungewöhnlich fantasievolle und bilderreiche »Antworten«. Sowohl die Studierenden als auch jüngere Schüler und Schülerinnen, die im fremden Medium der deutschen Sprache ihre Texte verfassten und selbst die DozentInnen waren von der poetischen Kraft ihrer eigenen Texte überrascht. Einige junge Studenten schrieben als Kommentar zu ihren »Blau«-Texten, dass sie es sich ursprünglich gar nicht zugetraut hätten, jemals eine sinnvolle Antwort auf diese »verrückte« Frage zu finden. Dass sie es schließlich doch fertig brachten, einen Text zu schreiben, hatte ihnen Selbstvertrauen und Freude am Gebrauch der »schwierigen« deutschen Sprache gegeben. Durch diese positiven Rückmeldungen ermutigt, wuchs meine eigene Begeisterung. Kaum wieder nach Deutschland zurückgekehrt, legte ich diese Frage zunächst meinen engsten Freunden und einigen Verwandten vor.

Niemand war fortan vor meiner »Blau«-Frage mehr sicher. Und so entstand ein surrealistisches Schreib- und Literaturspiel, das allmählich weitere Kreise zog. Einbezogen wurden zunächst Kolleginnen und Kollegen meiner Universität in Erlangen-Nürnberg und die anderer Hochschulen im In- und Ausland. Besonders kreativ, fantasievoll und originell waren die Texte jener Kolleginnen und Kollegen, die ich bislang eher als analytisch einschätzte und die an Sprachspielereien nicht interessiert schienen. Nur in wenigen Fällen konnten die Angesprochenen mit diesem Spiel tatsächlich »nichts anfangen«, taten mein Ansinnen als »reine Zeitverschwendung« ab oder gaben offen zu, nicht kreativ genug zu sein, um sich einem »Schreibwettbewerb« zu stellen. Hier einige Antworten:

»Mein Gott, an der Uni müsste man sein und Zeit haben für solche Projekte ..., aber weil du es bist, liebe Gabriele ...« und schließlich folgte eine zweisprachige Reise durch die Kulturgeschichte des Blau, angefangen von Gedichten Nerudas, dem »literarischen Halbgott der Achtundsechziger«, über die Betrachtung der »ojos azules« und mit der Erinnerung an den Terror in Chile und Argentinien in den 70-er Jahren, wo »betäubte Opfer vom Helikopter in den Fluss geworfen« oder unter dem »glühenden Blau des Himmels« im Zentralstadion in Santiago de Chile zusammengepfercht und gefoltert wurden.

Aber weil die »Krönung der Schöpfung, das Schwein Mensch halt a Sau ist, ist es auch aus mit der Blauen Blume, mit Sehnsucht und Romantik …«, so das sarkastische Fazit eines Freundes aus Buenos Aires.

Viel Freude an einer nicht zweckgebundenen Tätigkeit, die Fantasie und Intelligenz gleichermaßen anspricht, empfanden offensichtlich – außer den Kindern – Künstler und Künstlerinnen wie beispielsweise Christa Wolf, Mario Adorf, Günter Grass, Habib Bektas, Gottfried Wagner oder Martin Benrath, Reiner Kunze, Cyrus Atabay, Peter Härtling sowie José F. A. Oliver und Şinasi Dikmen, der Maler Bómbolo, Klaus Staeck und Herbert Reinecker, Doris Schade oder Gino Chiellino, Bele Bachem und viele andere, die sich – ohne dass meine Überredungskünste sie zu arg strapazierten – an diesem Schreibprojekt beteiligten, weil sie es schließlich als das verstanden, was es ist: als ein Spiel mit Assoziationen und Wörtern, mit Metaphern und Bildern und der Freiheit, im eigenen Leben herumzureisen und persönliche Bezüge zum Blau Nerudas herzustellen. Diese, im positiven Sinne gelebte, Naivität, die naturgemäß Künstlern eher zu eigen ist als Wissenschaftlern, rückt die Autoren und Autorinnen der Anthologie in die Nähe von Pablo Neruda, diesem »großen Kind«. Mir scheint, dass der Dialog zwischen dem chilenischen Dichter und den Nachgeborenen aus aller Welt, vor allem mit den Kindern und den Künstlern, besonders gut gelungen ist.

Vielleicht lässt sich zwischen den Schreibenden, die nichts von einander wissen, ein – lichtblaues – Band durch die Veröffentlichung ihrer Texte knüpfen? Die Antworten, die ich auf Nerudas »Blau«-Frage in den vergangenen sieben Jahren erhielt, sind schönste Poesie und Imagination.

Geantwortet haben:
Über 200 Menschen aus aller Welt beiderlei Geschlechts
• unterschiedlicher Kulturen und Sprachen,

- unterschiedlichen Alters zwischen acht und achtzig,
- unterschiedlicher sozialer Herkunft und ausgestattet mit einem biographischen Hintergrund, der unterschiedlicher nicht sein könnte,
- sowie einer Vielfalt an Lebenserfahrungen und Interessen.

Ausgewählt wurden schließlich 65 Texte.

Die Anthologie zeigt uns ein breites Spektrum an Schreibideen und Schreibintentionen, aber auch an Textsorten und Schreibgewohnheiten: Vom Haiku bis zur Satire, vom Elfchen bis zum Akrostichon, vom philosophischen Essay bis zum Liebesgedicht, ja selbst ein Krimi und ein Märchen, Erlebnisberichte, Reflexionen über das Blau, Assoziogramme und Naturbeschreibungen sind vertreten.

In den Texten finden wir geschlechts- und altersspezifische, aber auch kulturbedingte Elemente, die uns insgeheim Auskünfte über die Person sowie ihre lebensgeschichtliche Entwicklung und kulturelle Herkunft geben können. Die Texte sind so eigenwillig und einzigartig wie die Persönlichkeiten der Autoren und Autorinnen selbst. Einige wenige Kindertexte sind in ihrer Erstfassung, also unkorrigiert, aufgenommen worden, um den Reiz des Authentischen nicht zu schmälern.

Trotz ihres gemeinsamen Ausgangspunktes, der Frage Nerudas, spiegeln sie die individuelle Handschrift ihrer VerfasserInnen wider. Genau in dieser Spannung liegt der Reiz dieser Textsammlung.

Der größte Reiz aber geht von der Mischung literarischer und authentischer »Antworten« aus aller Welt mit einer kleinen Auswahl von »Blau«-Texten aus Nerudas Gesamtwerk und begleitet von den blauen Bildern des Malers Bómbolo aus. Am Ende der Anthologie wird ein »blaues Netz« durch das Gesamtwerk Nerudas gesponnen, das uns vor Augen führt, wie sehr gerade diese Farbe den Dichter zeit seines Lebens faszinierte.

Lassen Sie sich also, geschätzte Leser und Leserinnen, von dieser Poesie der Farbe Blau in eine Welt entführen, die so blau und endlos ist wie Pablo Nerudas Traum.

E, ALS DAS **BLAU** GEBOREN WURDE? ¿QUIÉNES GRITARON DE ALEGRIA QUANDO NACIÓ EL COLOR **AZUL**? WER

Ein fiktiver Dialog
zwischen Pablo Neruda und den
Nachgeborenen

DAS **BLAU** GEBOREN WURDE? ¿QUIÉNES GRITARON DE ALEGRIA QUANDO NACIÓ EL COLOR **AZUL**? WER SCHR

Es waren die Engel, deren Element endlich seine Farbe hatte.

Peter Härtling

E, ALS DAS **BLAU** GEBOREN WURDE? ¿QUIÉNES GRITARON DE ALEGRIA QUANDO NACIÓ EL COLOR **AZUL**? WER

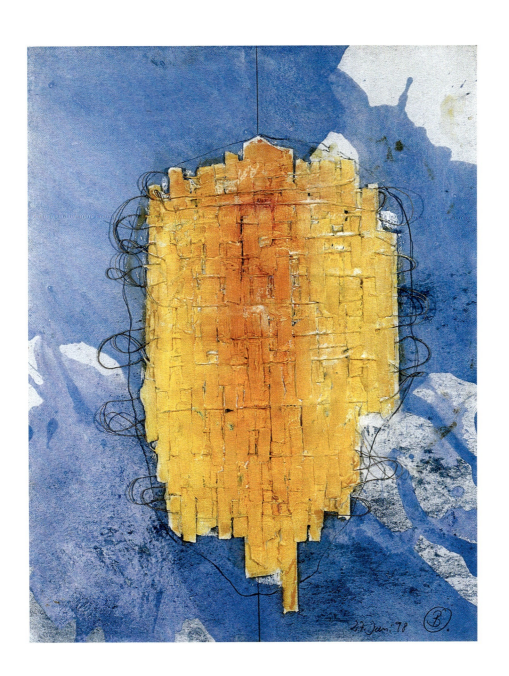

Ohne Titel, 1998
64 x 50 cm, Collage

DAS **BLAU** GEBOREN WURDE? ¿QUIÉNES GRITARON DE ALEGRIA QUANDO NACIÓ EL COLOR **AZUL**? WER SCHR

Die Gedanken sind blau

Das Meer in der Türkei, die Wellen, die an den Strand geschleudert werden und wie Peitschenschläge klingen; sie sind blau.
Das blaue, salzige Wasser des Meeres. Die blauen Augen eines Mädchens, dessen Namen ich nicht nennen will.

Der Dichter, der dies geschrieben hat, hat sich nach etwas gesehnt, was er nicht bekam und auch sein ganzes Leben lang nicht bekommen wird. Deswegen stellt er die Frage, die man schwer beantworten kann; diese Überlegungen haben seine Gefühle und Gedanken in einer Frage zusammengefasst.

Die Farben, die ein Objekt verschönern und noch interessanter machen, es in eine Aura stellen, wie von einem Schleier umhüllt, und das, was im Innern ist, bleibt verborgen.

Die Farben gestalten das Leben der Menschen interessanter und verändern es, damit es für den Menschen noch erträglicher wird.

Die Farben werden oft auch in Lieder mit einbezogen und in diesen Liedern durch Ereignisse, wie zum Beispiel einen Sonnenuntergang, das Meer, ein romantisches Essen ..., ausgedrückt.

Ümmet, 7. Klasse, Nürnberg
(Die ursprüngliche Fassung wurde aus Gründen der Authentizität beibehalten.)

Assoziationen in Blau

Sie, Pablo, stellen merkwürdige Fragen. Das Blau? Geboren? Aber war es denn nicht immer da? Als Himmelsblau über der Kindheitslandschaft? Als das unvergänglichste Blau, das es gibt? Draußen ist der schönste blaue Himmel, und du hockst hier drin über deinem Buch! Du wirst noch zum Blaustrumpf, dann kriegst du später keinen Mann. Das Blau schrieb Geschichten. Der Freund von Annemarie will ihr das Blaue vom Himmel runterholen, hat er gesagt. Ich hol dir vom Himmel das Blau. Ach du liebes Gottchen, das sagt so einer doch nur so ins Blaue hinein. Aber treu ist er ihr, sagt sie. Wer's glaubt. Sie ist blond, da trägt man Blau, sagt ihr Freund. Blau, blau, blau sind alle meine Kleider. Blau ist die Farbe der Treue. Aber rote Schuhe neuerdings, die hat er ihr sogar geschenkt. Rot und Blau schmückt die Sau und dem Kasper seine Frau. Er macht gerne mal blau, ihr Freund. Heute blau, und morgen blau, und übermorgen wieder. Blauer Montag.

    Na siehst du. Montag blau, Dienstag Hunger, das kennt man. Und jetzt torkelt er leider draußen über den Platz und singt dazu: Kornblumenblau ist der Himmel am herrlichen Rheine. Total blau, der Mensch. Dem hilft auch kein Blaukreuzler mehr. Kornblumenblau sind die Augen der Frauen beim Weine. Das kannst du laut sagen.

    Neulich hat er sie grün und blau geschlagen. Na siehst du. Und da hat ihr Bruder gesagt, jetzt kann er aber sein blaues Wunder erleben und hat ihn gehörig verbleut. Er ist nochmal mit 'nem blauen Auge davongekommen. Schön und gut. Aber jetzt wird sich Annemarie von dem hoffentlich keinen blauen Dunst mehr vormachen lassen. – So blauäugig kann doch selbst sie nicht sein. Von den blauen Bergen kommen wir, Schatz ach Schatz, du bist so weit von hier. Unser Lehrer ist genauso dumm wie wir, haben wir gesungen. Der Himmel ist blau, das Wetter ist schön, Herr Lehrer, wir wollen spazieren gehen. Ihr wollt euch wohl einen blauen Brief einfangen, was? Merkt euch lieber endlich die Farben des Regenbogens: Rot Orange Gelb Grün Blau Indigo Violett. ROGGBIV. Oder wollt ihr bloß wieder was vom Krieg hören, als die blauen Bohnen unsereins nur so um die Ohren geflogen sind. Im Gleichschritt Marsch. Ein Lied. Die blauen Dragoner, sie reiten, mit klingendem Spiel durch das Tor.

Könnt ihr nicht mal was Schönes singen. Donau so blau, so blau, so blau. Das war der erste Walzer, den ich mit Hans getanzt habe.

Ja ja. Immer dasselbe. Hat schlecht geendet mit ihrem blauen Matrosen.

Darüber kommt Grete nicht hinweg. Ein blauer Matrose, der segelt um die Welt. Er liebte ein Mädchen, doch hatte er kein Geld. Das Mädchen errötet, und wer war Schuld daran? Der blaue Matrose in seinem Liebeswahn. So was kann schief gehen. Eben musste die Frau X mit Blaulicht weggebracht werden. Blausäure, sag ich nur. Hatte schon ganz blaue Lippen. Da kommt jede Hilfe zu spät. Der feine Pinkel, der sie sitzen gelassen hat, soll ja blaues Blut gehabt haben, jedenfalls hat er ihr das gesagt.

König Blaubart, kennt man ja. »Der fremde Ritter nämlich hatte einen ganz blauen Bart, und vor dem hatte sie ein Grauen, und es ward ihr unheimlich zumut, so oft sie ihn ansah.« Hätte sie man auf ihr Gefühl gehört. Aber der hat ihr einen Blaufuchs geschenkt, da hat sie gedacht, so einer kann nicht lügen, und da ist sie weich in den Knien geworden. Das hier kostet Sie aber ein paar blaue Lappen, die wollen erstmal verdient sein. Wenn schon. Für die Reinschrift verwenden wir immer blaue Tinte. Aber zuerst stellen Sie mir bitte eine Blaupause her, bei so einem Projekt will man ja keinen Schuss ins Blaue hinein machen. Doch mancher schießt ins Blaue und trifft ins Schwarze.

Früher hatten wir in zwei Stunden die Milchkanne voll Blaubeeren. Und nachmittags war der Kuchen schon fertig. Karpfen blau zu Neujahr? Niemals. Karpfen in Biersoße, so gehört sich das. Und Forelle blau ist was für feine Leute. Blau ist einfach keine Farbe für Esswaren. Mehr für Blumen. Veilchen, zum Beispiel. Ein Veilchen auf der Wiese stand, gebückt in sich und unbekannt, es war ein herzig's Veilchen. Blaukraut, im Süden, na meinetwegen. Und blauen Likör, den gibt's ja wohl. Curaçao, oder wie der heißt. Und Käse, der sich Blue Master nennt, mit Schimmel drin, nichts für mich. Aber wie man blaue Kartoffeln züchten und die dann »blaue Maus« nennen kann, wird mir ewig unbegreiflich bleiben. Sowas Unnatürliches.

Blau, Pablo, ist die Farbe der Sehnsucht. Haben Sie das gemeint? Frühling lässt sein blaues Band wieder flattern durch die Lüfte. Die blauen Hügel in der blauen Ferne. Auf zu blauen Horizonten. Blaue Fahnen nach Berlin. Preußisch Blau, Berliner Blau, wichtiges Blaupigment, aus Eisensulfat und gelbem Blutlaugensalz gewonnen.

Als feiner Strich auf Porzellan. Das tiefe Kobaltblau der gläsernen Vasen, Schalen und Aschenbecher, Lieblingsfarbe. Tischdecken mit Blaudruck, alte Muster. Eine Technik, die ausstirbt.

Einmal im Leben an der blauen Adria sein. O Himmel, strahlender Azur. Der blaue Falter, der uns vorausflattert. Der blaue Vogel auf dem Vorhang der Künstlerin Liessner-Blomberg für das Kabarett der russischen Emigranten im Berlin der zwanziger Jahre. Kandinskys Blauer Reiter. Franz Marcs Turm der blauen Pferde. Picassos blaue Periode. Die blaue Stunde zwischen Tag und Traum. Nachtblau.

Taubenblau. Das blaue Licht aus dem Grimmschen Märchenbrunnen, das dem braven, ungerecht behandelten Soldaten, wenn er seine Pfeife daran anzündet, nicht nur Genugtuung, sondern ein ganzes Königreich verschafft und die Königstochter dazu. Auf andre Art geht's nicht. Des Generals Franco Blaue Division im Spanischen Bürgerkrieg. Die Europafahne in Blau. Und die Lebensmittelpäckchen, welche die Amerikaner in Afghanistan abwerfen, neuerdings in Blau, nicht mehr in Gelb, damit sie sich von den gelben Streubomben, die sie auch abwerfen, unterscheiden. Die blaue Blume dagegen, Pablo, ein Symbol der deutschen Romantik, eine Erfindung des Freiherrn Friedrich von Hardenberg, genannt Novalis.

Dessen Romanheld, der Heinrich von Ofterdingen, begegnet ihr im Traum, eine hohe, lichtblaue Blume, die zunächst an der Quelle stand, und ihn mit ihren breiten, glänzenden Blättern berührte.

»… Er sah nichts als die blaue Blume und betrachtete sie lange mit unnennbarer Zärtlichkeit.« Und er folgt ihrem Sehnsuchtsbild, und er sieht in ihr »eine Schutzwehr gegen die Regelmäßigkeit und Gewöhnlichkeit des Lebens«, einen Zauber gegen die Monotonie des Irdischen. Wer aber schrie vor Freude, als das Blau geboren wurde?

Woran dachten Sie, Pablo. Jetzt weiß ich es: Es waren die Außerirdischen, die vor Freude schrieen, als sie sahen, wie die Erde, der blaue Planet, geboren wurde.

Christa Wolf, Berlin

TAUSCH MIT DEM HIMMEL

Als das Wasser, die Blauen Rosen und das Vergesmeinnicht entschtanden sind, hatten sie noch keine Farbe. Sie gingen zum Gras und fragten ob es ihnen etwas von seinem Grün abgeben könnte, aber es sagte: »Dann hab ich nicht genügend Grün!« Die drei gingen auch zu den Roten Rosen und fragten das selbe doch sie erwiderten: »Dann sind wir ja nur noch Hellrot!« Die drei gingen enteuscht in ihre Höhle. Plötzlich hörten sie als jemand schrie: »Ich der Zauberer von den Farben wunsche eine neue Farbe herfor.« Die Farbe stieg hoch. Die drei Farbelosen sprangen und wollten die Farbe haben sie freuten sich schon, doch der egoistische Himmel nahm ihnen alles weg. Am nächsten Tag hatte es geschneit und die drei hatten eine Farbe: Weiß. Doch weiß gefiel ihnen nicht und sie beschlossen einen Tausch mit dem Himmel: Sie geben ihm das Weiß und er gibt ihnen ein bischchen Blau. An diesem Tag sind die Wolken entstanden und das Wasser, die Blauen Rosen und das Vergissmeinnicht hatten eine richtige, schöne, Blaue Farbe.

Türkischer Schüler, anonym, 6. Klasse Gymnasium, Erlangen
(Die ursprüngliche Fassung wurde aus Gründen der Authentizität beibehalten.)

Die auf dem Regenbogen saßen

das Rote, das Gelbe, das Grüne, ja, alle die, die schon
auf dem Regenbogen saßen und darauf gewartet hatten;
aber auch das Schwarze äußerte seine Freude und meinte,
da sei eins fast so wie es selbst, aber nicht gar so dunkel,
fast so feierlich wie es selbst, aber nicht gar so streng …
Und das Rote, das Gelbe, das Grüne, ja alle die, die schon
auf dem Regenbogen saßen und darauf gewartet hatten, freuten sich und
erzählten dem Schwarz von vielen neuen Augen.

Sor Ursula, Santiago de Chile

DAS **BLAU** GEBOREN WURDE? ¿QUIÉNES GRITARON DE ALEGRIA QUANDO NACIÓ EL COLOR **AZUL**? WER SCHR

ES SCHRIE SCHRECKLICH

ich		schrie		nicht
du		schriest	nicht
er		schrie		nicht
sie		schrie		nicht
ES		SCHRIE		SCHRECKLICH

wir		schreien	nur		noch
ihr		schreit		nur		noch
sie		schreien	nur		noch

SCHRECKLICH

Martin Benrath, Herrsching

Das Gehirn entspannt sich

    Die Indianer
                                   Die Bäume
                Die Vögel
Die Kinder

»Wer alles schrie vor Freude, als das Blau geboren wurde?«

    Die Augen
                                     Die Erde
        Das Gehirn

Ich schrie auch, denn meine Lieblingsfarbe ist blau.

Das Blau ist geboren.
Die Augen werden sich freuen, denn es ist eine Abwechslung.
Die Vögel werden sich freuen, dass sie im Blau fliegen können.
Das Gehirn entspannt sich, die Bäume sehen von ihren Wipfeln das Blau.

Schüler einer 5. Klasse, anonym, Erlangen
(Die ursprüngliche Fassung wurde aus Gründen der Authentizität beibehalten.)

JETZT WAR DER PAPA BLAU

Das Kind, das blau geboren wurde,
schrie nicht vor Freude, sondern Frust.
Erst kam der Arzt – 'ne Weile gar nichts,
und endlich kam die Mutterbrust.

Und plötzlich schrie das Kind vor Freude –
die Mutterbrust erzeugte Lust.
Verschwunden war der blaue Frust:
das Kind war satt, die Mama müde,
der Papa stolz wie jeder Rüde.

Am Abend ging der Papa saufen,
er konnte kaum nach Hause laufen.
Er trank auf's Kind, auf seine Frau,
Kein Wunder, jetzt war der Papa blau.

Petra Schürmann, Starnberg

Blaue Jubelschreie

Als das Blau geboren wurde,
senkte es sich zunächst
in allen Schattierungen
wie Sprühregenschleier
vom Himmel herab.
Und die Babys schrien
mit weit aufgerissenen Augen
vor Vergnügen
– am lautesten die Buben –
so lange bis ihnen von göttlicher
    Hand
ein milchig zartes Blau
in die Wiege gegeben wart.

Noch ohrenbetäubender
brüllten die Bayern
und sammelten
ein kräftiges Blau ein,
um Rauten auf ihre bislang
weiße Flagge zu malen.

Klaus Neumann, München

Alsdann jubelte Johann,
der Stehgeiger,
und schüttete das Blau
vom Flußufer aus
gleich eimerweise
in die Fluten
und färbte die Donau
sooo schön blau.

Und der Franz stieß einen
marc-erschütternden Schrei aus,
seiner gelben, grünen
und roten Geschöpfe müde,
fing ein paar Pferde ein,
– und gab ihnen mit flinker Hand
einen frisch blauen Anstrich.

Eine Unzahl gurrender Laute
gab die ewig verliebte Else von sich,
als sich ihr betagter Klimperkasten
plötzlich blass-blau verfärbt hatte.

BLAU DER TIEFE

Wir tauchten am Barrier Reef vor der Küste Belizes im karibischen Meer. Es war früher Nachmittag; ein Tauchgang lag bereits hinter uns. Barry war mein »paddy«, wie man dort sagt, mein Tauchpartner also. Wir hatten vereinbart, am Riff entlang zu tauchen und tiefer als sonst zu gehen. Mir war ein wenig bange zu Mute, denn weiter als zwanzig Meter war ich noch nie zuvor in die Tiefe abgetaucht. Die ersten zehn Minuten verliefen wie immer: abtauchen, Druckausgleich abwarten, weiter tauchen, orientieren. Oben brandeten die Wellen, bei uns herrschte tiefe Ruhe. Schwärme von Clownsfischen und Barracudas schienen zum Greifen nah, über und unter uns prangten Unmengen herrlichster Korallen. Tiefer ging es, die Farben wurden dunkler. Bald ein wenig grün, bald auch schon ein wenig grau am Riff. Plötzlich schoss ein Hai daraus hervor. Ich erstarrte vor Schreck, aber mein Partner blieb ruhig, lächelte gar. Eine Ecke umschwamm er, war für Augenblicke verschwunden. Ich folgte ihm unverzüglich – und wollte vor Glück aufschreien! Vor mir lag endlose Weite, breitete sich endlose Tiefe und Stille aus, unendlich weit. Ein Riesenloch tat sich vor mir auf, vielleicht azurblau. Vielleicht auch dunkelblau, arktisblau. Ein Blau, wie ich es nie zuvor gesehen hatte. Ein Blau, wie es wohl sonst nur die Weltraumfahrer sehen konnten, sehen durften. Jetzt durfte ich es sehen. Fassungslos. Ich wollte zugreifen, hineingreifen, das Blau fassen, vielleicht streicheln. Ringsum blau. Blau wie ein Kristall von Gletschern in der Arktis, blau wie der Mittagshimmel über der Sahara. Ein Blau von einem anderen Stern. Erneut lockte es mich meine Freude hinauszuschreien. Schon setzte ich an, doch im letzten Moment dachte ich an das Mundstück des Atemgeräts. Hätte ich es herausgerissen, das Blau der Tiefe hätte mich umgebracht! Sekunden verstrichen, so schien es mir. Barry winkte nach oben, zur Wasseroberfläche sollte ich, ihm nach. Ein Blick auf mein Messgerät bewies mir, dass die Sauerstoffflasche nahezu leer war. Beinahe zwanzig Minuten hatte ich in die Tiefe gestarrt: wie von Sinnen, atemlos. Das Blau.

Lutz Götze, Herrsching

, ALS DAS **BLAU** GEBOREN WURDE? ¿QUIÉNES GRITARON DE ALEGRIA QUANDO NACIÓ EL COLOR **AZUL**? WER

Ohne Titel, 1998
85 x 60 cm, mixed media auf Papier

JOSIE BLISS

Blaue Farbe erloschener Fotografien,
blaue Farbe mit Blütenblättern und Spaziergängen am Meer,
endgültiger Name, der in die Wochen fällt
stählernen Schlages, der sie tötet.

Welches Kleid, welcher Frühling streift vorüber,
welche Hand sucht unaufhörlich Brüste, Häupter?
Vergeblich sinkt der offenbare Rauch der Zeit,
die Jahreszeit all vergeblich,
die Abschiede, wo niedergeht der Rauch,
die überstürzten Begebenheiten, die mit dem Degen warten:
auf einmal ist es
wie ein wirrer Überfall von Rothäuten,
der Horizont des Blutes schwankt, etwas ist da,
etwas erregt die Rosenstöcke, zweifellos.

Blaue Farbe von Augenlidern, die die Nacht gestreift hat,
Sterne aus verrottetem Kristall, Fetzen
Haut und schluchzende Schlinggewächse,
Farbe, die der Fluss, sich stoßend, in den Sand höhlt.
Blau, das bereitet hat die großen Tropfen.
Vielleicht lebe ich in einer Straße weiter, die
die Luft zum Weinen bringt
mit einer bestimmten unheilvollen Klage, so,
dass alle Frauen sich in fahles Blau einkleiden:
Ich bin an diesem zugeteilten Tage da,
bin wie ein Stein da, auf den ein Büffel trifft,
wie ein zweifellos vergessener Zeuge.
Schwingenblau eines Vogels aus Vergessen,
das Meer hat sein Gefieder ganz durchnässt,
seine verdorbene Säure, seine Woge aus bleicher Schwere
bedrängt die Dinge, aufgeschichtet in Winkeln der Seele,
und an den Türen pocht der Rauch vergeblich.

Dort sind sie, dort sind
die durch den Staub geschleiften Küsse neben
einem trostlosen Schiff,
dort sind die verschwundenen Lächeln,
die Kleider, die das Morgengrauen rufend,
eine Hand ausschüttelt:
es scheint, dass des Todes Rachen kein
Antlitz verschlingen mag,
keine Finger, Worte, Augen·
dort sind sie wieder so wie große Fische,
die den Himmel mit ihrem blauen Stoff,
den unbeständig unbesiegbaren,
vollenden.

Pablo Neruda: Josie Bliss.
Aus: Aufenthalt auf Erden. In: Der unsichtbare Fluss. Gedichte 1923-1973.
Luchterhand Literaturverlag, München 2001, S. 40-41.

Nach dem letzten Gong

Ihren Rock um ihre Knöchel sammelnd, der Ozean,
nicht weniger als versprochen.
Hinüber zu dem Gebiet, als trocken bezeichnet. Und sicher.

Kein Name für jene ohne Lied. Und wie die Mutterlose
an den Bäumen haftete.
Und auf die Abwesenheit eines widerspenstigen Tones wies.
Wie Raum auf Raum traf. Die Ironie von Nässe.
Der Einbruch von Wolken. Die vollkommene Spiegelung in der
Abwesenheit von Umrissensein. Jedoch wurde jener Anblick
wiederhergestellt und verschlungen.

Und Ecken von Zeit, nachdem die Lichter gelöscht.
Nach dem letzten Gong.
Und ihre Lippen im Dunkel werden Teil eines Schattens der Stunde.

Und himmel-geboren. Des Morgens Feuer. Der klare Schein auf
Zinndeckeln.
Himmel über Schwester Himmel. Das Blau.

Tsering Wangmo, Los Angeles
Übersetzung: Jobst Koss

FEDERBLAU

Die Blauracke und das Blaukehlchen – sie müssen vor Freude geschrien haben, als das Blau geboren wurde. Denn mit dieser Farbe spiegelten sie plötzlich das Wasser und den Himmel wider.

Warum denke ich bei Nerudas Frage zuerst an die Blauracke? An einen seit etwa hundert Jahren aus unseren Breiten verschwundenen Vogel, den ich nur auf Bildern gesehen habe? Dürer malte ihn bekanntlich noch in Nürnberg. Er muss bedeutsam für ihn gewesen sein. Die schillernden Rackenschwingen haben sogar seine Engelbilder beeinflusst! Ist dieses Bild in mein Unterbewusstes gedrungen? Jedenfalls träumte ich vor kurzer Zeit von der Blauracke und suchte dann nach dem Dürerbild. Dabei stieß ich aber auf eine andere Abbildung des Vogels in meiner Sammlung von Stahlstichen. Meine Gedanken kreisen also schon mehrfach um den Vogel, und sie kreisen auch jetzt um ihn, da ich Nerudas Frage höre.

Gleichzeitig dachte ich an das Blaukehlchen. Dessen Blau habe ich wirklich gesehen, ja gesucht. Zuerst unter einer alten Mainbrücke. Der scheue kleine Vogel stelzte im Uferschlamm zum Wasser und wandte mir seine leuchtend blaue Kehle zu – ein Moment der Klarheit, Helle, Leichtigkeit. Solche Momente wiederholten sich, als ich den seltenen Vogel mit seinem erstaunlichen Brustgefieder bei einer Wanderung über die norwegische Hochebene Hardangervidda sah. Ja, Blaukehlchen sind ein Geschenk. Bei ihrem Anblick könnte man die Legende erfinden, dass ihr schöner Gesang entstanden ist, als sie das Blau an sich erkannten und bejubelten.

Könnten mir auch andere Vögel vor Augen stehen, wenn ich Pablo Nerudas Frage höre? Wer von ihnen hat vielleicht noch vor Freude geschrien, als das Blau geboren wurde? Blau schillert doch der Eisvogel bei meinen Läufen entlang der Bäche. Und wirft mir der Eichelhäher nicht immer wieder einmal seine blaue Feder vor die Füße? Warum fielen mir nicht gleich die Blaumeisen ein – Vögel, mit denen ich fast täglich umgehe? Ihnen gehört der Birnbaum vor meinem Arbeitszimmer; an seinen Zweigen schaukeln diese Winzlinge. Ein kolorierter Stahlstich aus meiner

Sammlung alter Vogelbilder hält ein Paar von ihnen in zartem Blau fest – aus einer Baumhöhle schlüpfend.

Das Bild erinnert mich an Glücksmomente von früher: An die Entdeckung einer Blaumeisen-Bruthöhle im morschen Stamm einer Eiche im Bamberger Hain – und an den Anblick eines Blaumeisengeleges im schon genannten Birnbaum unseres Gartens. Als Kind hatte ich einen Nistkasten geöffnet (er war von mir gebastelt und mit einem besonders engen Einflugloch versehen worden). Zuerst hob ich eine weiße samtartige Decke über dem Nest hoch und sah dann plötzlich ein rundes Dutzend erbsengroße Eier. Dieses Erlebnis schrieb ich auf, mit Angaben über die Größe des Geleges und mit Datum (es war ein Märztag). Das Notizbuch ist verloren gegangen, leider. Aber so fest das alles in mir verankert ist – ich vergaß euch trotzdem, ihr Blaumeisen, als ich Nerudas Frage las. Ich dankte euch nicht gleich für eure Begleitung meines Lebens und träumte erst einmal dem fernen Blau der Blauracke und des Blaukehlchens nach! Sie vor allem waren für mich dabei, als das Blau geboren wurde.

Otto Schober, Bamberg

HAUT-BLAU

Die Kraft violett gefärbt
Mehr als der Schlag der Mutter

      Ist ein Tanz der Hände
        Flamme
      Über dem Netz der Gläser

Das Mosaik meiner Poren
Purpur-blau
Gelber Pinselstrich
Nördlicher See ausgebreitet in Ruhe

Unter dieser Haut
Liegt dein Name
Geprägt
In meinen geronnen Farben

      Blauer Fleck über dein Fleisch
        Ausgegossen
       Mein alter Schrei
      Flieht durch das Wort verweht.

Carmen Ana Pont-Cudell, Puerto Rico
Übersetzung: Hedwig Trautmann und Rosa Elena Maldonado

Des Blauens Namensgabe

Physikalisch –
Wer alles schrie vor Freude,
als das Blau geboren war?
Da stand noch kein Gebäude,
das Leben war so rar.
Es sah kein Menschenauge,
es dachte kein Gehirn,
allein das Blauen, wie ich glaube,
bekreischte das Gestirn.

Philosophisch –
Des Blauen Namensgabe
vollzog sich nacheinander.
Nach schwarz kam weiß, nun sage
uns doch Anaximander,
Meer, Wellen und die Luft
sind mehr als grau in grau.
Wie fängt man wörtlich ihren Duft?
Mit BL.oßem AU.ge = BLAU!

Hans Förstl, München

. ALS DAS **BLAU** GEBOREN WURDE? ¿QUIÉNES GRITARON DE ALEGRIA QUANDO NACIÓ EL COLOR **AZUL**? WER

Sin titulo, 1997
85 x 60 cm, mixed media auf Papier

WENN MAN BLAUE FARBE SIEHT, …

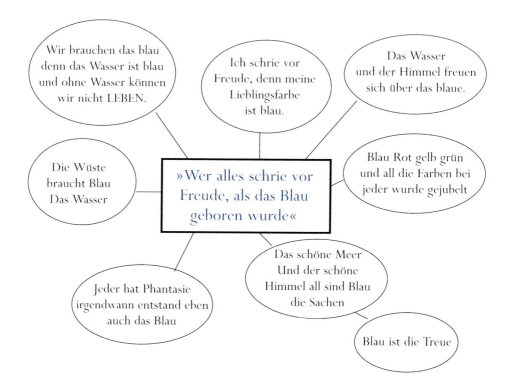

Es ist eine schöne Farbe.
Die Farbe Blau wurde geboren, damit die Menschen zu den Wolken schauen, an Liebe, Freude und wie schön das Leben ist denken. Wenn man blaue Farbe sieht, ist man ganz anders und verändert, ist glücklich und lacht vor Freude.

Sinkin, Schülerin türkischer Herkunft, Nürnberg
(Die ursprüngliche Version wurde aus Gründen der Authentizität beibehalten.)

Blaue Kindheit

Einst träumte ich davon, in einem winzigen Steinhäuschen zu wohnen, das sich in die hügelige Landschaft Südenglands mit Blick aufs Meer einschmiegte. Ausladende Lavendelsträuche säumten den Gartenweg, und die Türe zum Haus war von blassblauen Glyzinienblüten eingerahmt. Mit der Zeit ist der Traum verblasst, doch das Bild hat über die Jahrzehnte hinweg nichts von seiner Deutlichkeit bis in die Einzelheiten hinein eingebüßt. Die Farbe der Blumen, wie auch der Teppich von Glockenblumen in dem Gehölz hinter dem Häuschen, ist von höchster Bedeutung. Diese Farbe hat sich wie ein Leitmotiv durch mein Leben gezogen, von der Kindheit bis in die mittleren Jahre, und war der vorherrschende Farbton in dem Gewebe meines Lebensteppichs.

Wenn ich mit braunen oder grünen statt mit blauen Augen geboren worden wäre, hätte mir meine Mutter vielleicht Kleider in herbstlicheren Farben besorgt, wobei sie den Weg für eine ganz andere Art von Teppich geebnet hätte. Aber ich war von Anfang an eine auf die Farbe Blau ausgerichtete Person. Sobald ich ganz bestimmte Kindheitsereignisse ins Gedächtnis zurückrufe, scheine ich immer Blau zu tragen. Ich kann immer noch die blauen Blumen auf meinem Baumwollkleidchen sehen, das ich als Sechsjährige trug, während ich fasziniert beobachtete, wie ein Haus in unserer Straße von einem riesigen Feuer zerstört wurde. Da gab es auch einen unansehnlichen Badeanzug aus blauer Wolle, den ich hasste, weil er sich vollsog und gleich fürchterlich an mir herunterhing, sobald ich in unseren Badeferien in Cornwall ins Wasser ging. Ein weiteres blaues Kleidungsstück hat sich in einem frühen Farbfoto verewigt, auf dem ein kleines Mädchen mit blondem Lockenkopf auf einem Klavierhocker sitzt und einen zerlumpten Teddybär fest an sich drückt. Es gab in der Tat ein Regiment blauer Mäntel, Gamaschen, Mützen, Wolljacken, Röcke und Sandalen, die treu durch jene frühen Jahre mit mir marschierten, nicht zu vergessen der blaue Vorhang, in den ich mich einhüllte, um die Jungfrau Maria in dem Krippenspiel unseres Kindergottesdienstes darzustellen.

Doch die Farbe Blau überwog auch auf anderen Gebieten. Mein Vater brachte ein paar riesige blaue Becher zurück, als er vom Krieg aus

Deutschland zurückkehrte. Auf dem Grunde dieser Becher erschien ein verzerrtes Abbild des Gesichts, sobald die letzten Teereste getrunken waren. Wir alle liebten die blaue Keksdose mit ihrem köstlichen selbstgemachten Inhalt, die blaue Tapete im Badezimmer, den blauweißen Nähkasten meiner Mutter, der an vielen Winterabenden neben ihr stand, und das blaue Kreuz auf der schottischen Flagge, die mein Vater an unseren Geburtstagen an der Fahnenstange im Garten zu hissen pflegte. Aber noch wichtiger war der »Blaue Saal«. Es handelte sich hierbei um einen Tanzsaal hinter dem Gasthof »The King's Arms« an der Hauptstraße, wo jeden Mittwoch Nachmittag über viele Jahre hinweg Ballettunterricht erteilt wurde. An diesen wundervollen Nachmittagen tanzten wir in dem »Blauen Saal« in unseren kleinen weißen Kleidern herum und träumten davon, wie wir als »Giselles« und »Sterbende Schwäne« zu Weltruhm gelangen könnten.

    Einige Jahre später pflegten wir uns in den Weihnachtsferien zum Tanzunterricht in den »Blauen Saal« zu stürzen, gerüstet mit unseren neu entdeckten Waffen, wie z.B. Schuhe mit Stilettoabsätzen und Lippenstiften von Woolworth. Dieselbe Pianistin, die mittwochs unsere Fortschritte als angehende Ballerinas beobachtet hatte, spielte jetzt auf zu Walzer und Foxtrott, wobei sie uns aufmunternd von der Bühne hinter Mr. Rudge zulächelte. Diese Zusammenkünfte im »Blauen Saal« konnten unsere romantischen Erwartungen jedoch keineswegs erfüllen, denn die Anzahl der Mädchen übertraf bei weitem die der Jungen. Dies bedeutete, dass man eine andere weibliche Person mühevoll durch den »Blauen Saal« schieben musste, anstatt mit einem eleganten Traumpartner davonzuschweben. Doch der große Augenblick stand uns noch bevor: Der erste Ball! An dieser Stelle verdichtete sich das Blau des Fadens zu einem riesigen Farbklecks auf dem Wandteppich. Mein erstes Abendkleid war eine himmlisch schöne Kreation aus weichem Chiffon. Das Material fiel von den Schultern in Schichten von unvorstellbar herrlichem Blau: ein tiefes Königsblau, das mit Sicherheit jeder jungen Dame das Gefühl gab, sich wie eine Prinzessin vorzukommen, durch deren Adern das blaueste Blut der Welt floss. Jedesmal, wenn ich das unglaubliche Abendkleid anlegte, fühlte ich mich wie verwandelt, und jener erste Ball und die vielen, die folgen sollten, erwiesen sich als unvergessliche Erlebnisse.

Was mich immer wieder an dieses Blau erinnert, sind die drei Saphire in meinem Verlobungsring, dem, allerdings viel später, passende Ohrringe und eine Halskette folgten. Der Verlobungsring ist deshalb von so ganz besonderer Bedeutung, da ich ihn mehrere Jahre nach unserer Hochzeit geschenkt bekam – zweifellos etwas unorthodox, aber das Portemonnaie eines Studenten in jener Zeit ließ solche Luxusartikel einfach nicht zu. Von seinem allerersten Referendarsgehalt kaufte mir mein Mann diesen Ring, der mir wegen der zeitlichen Verzögerung besonders viel bedeutete. Jedoch schon vor diesem Ereignis spielte die Farbe Blau eine erhebliche Rolle vom Beginn unserer Ehe an: Mein Brautsträußchen bestand aus einer Mischung von weißen Rosen, winzigen Gladiolen und leuchtend blauen Kornblumen, die bis zum heutigen Tage meine Lieblingsblumen geblieben sind.

Es ist wohl kein Zufall, dass ich eine tiefe Beziehung zu den deutschen Dichtern der Romantik in ihrer Suche nach der Blauen Blume empfinde. Dasselbe gilt für eines meiner Lieblingsgemälde, nämlich »Das Blaue Pferd« von Franz Marc, in dem der Maler die Verwundbarkeit des Tieres durch die sanfte, weiche Neigung des Kopfes ausgedrückt hat. Auch liebe ich Marcs winziges Aquarell eines blauen Rehleins, das seinen Kopf voller Sehnsucht den Bergen entgegenstreckt. Die gesamte Kunstwelt strotzt in der Tat von Blautönen, von den atemberaubenden Mosaiken des Galla-Placidia-Mausoleums in Ravenna bis zu der meisterlichen Darstellung des »Blauen Jungen« von Thomas Gainsborough.

Jedoch der Himmel selbst übertrifft bei weitem die wunderbare Vielfalt der von Menschenhand kreierten Blautöne. Ich denke dabei nicht so sehr an das makellose Blau des Himmels im Mittelmeerraum, sondern an den sich ununterbrochen verändernden Himmel der schottischen Inseln: die Hebriden, Orkney oder Shetland. Da sie den Stürmen ausgesetzt sind, gibt es dort kaum Bäume, was dazu führt, dass einem der Himmel wie eine riesige Kuppel vorkommt, wobei die Wolken sehr tief zu hängen scheinen. Bedingt durch die Stürme und die plötzlichen Regengüsse, befindet sich der Himmel in ständiger Bewegung und inszeniert dabei ein endloses Drama der verschiedensten Formen und Farben. Vor allem aber vermischen und vertiefen sich die Blautöne, als ob Gott mit einem riesigen unsichtbaren Pinsel experimentiere – und manchmal nicht einmal wartet, bis die erste Farbe getrocknet ist, bevor er die nächste aufträgt. Das blasseste Blau kann man nach einem Regen auf Fetlar sehen, der winzigen Shetlandinsel mit 90 Einwohnern, wo ich einmal eine Woche der Ruhe und Entspannung bei zwei anglikanischen Nonnen verbrachte. Den größten Teil des Tages wanderte ich umher, lediglich begleitet von kreischenden Seemöwen und begegnete nur von Zeit zu Zeit einem Traktorfahrer oder einem einsamen Schaf. Auf solchen Wanderungen hat mich immer der Himmel fasziniert: Das zarte Blau, vergleichbar mit der Schale eines Vogeleies, lenkte das Auge hinauf zu einer fantastischen Zuckergusslandschaft, und aus noch weiterer Entfernung strahlte ein tiefes Saphirblau auf das schimmernde Meer herunter.

Leider war ich nicht da, als die Farbe Blau geboren wurde – oder vielleicht doch? Könnte es sein, dass ich in einer anderen Gestalt in irgendeinem früheren Leben doch anwesend war? Wenn dies der Fall gewesen sein sollte, dann hoffe ich inbrünstig, dass ich ein Wellensittich oder eine Blaumeise war und keine ekelhafte Schmeißfliege, jene aufdringliche, schamlose Fliege, die sich am liebsten auf die frischen Speisen eines im Garten gedeckten Tisches stürzt. Wie auch immer, ich hätte mit Sicherheit zu denen gehört, die vor Freude laut geschrieen hätten! Wie anders wäre das Leben ohne jenen schönen blauen Faden gewesen – unsäglich anders! Und wenn ich nicht bei der Geburt der Farbe Blau zugegen war, dann werde ich jetzt jubeln, und zwar so lange, bis ich in meinem hellblauen Sarg in die dunkle Erde hinabgelassen werde. Und vielleicht denkt zufällig jemand daran, ein paar frisch gepflückte Kornblumen in die Gruft zu werfen.

Mary Waegner, Nürnberg

Es sind die Schatten

Es ist das Blau,
es sind die Schatten,
die darüber wandern.
Es ist das Sehen,
in das die Dinge münden,
ohne es zu trüben.

Und keine Finsternis
wär' stark genug,
dies Tor zu schließen,
durch das die Zeiten ziehen.

In dichten Wäldern
eine Lichtung,
jeglicher Erwartung bar.

Cyrus Atabay, München/Teheran
(Aus: Cyrus Atabay: »Das Auftauchen an einem anderen Ort«.
Gedichte. Insel Verlag, Frankfurt a. M. 1977, S.44)

SEHNSUCHTSFARBE

Das Wort Blau allein hat sofort ein paar Assoziationen und Erinnerungen geweckt. Hier sind sie:

> Also,
> zur Farbe Blau
> fällt mir ein:

»O Himmel strahlender Azur!
Enormer Wind die Segel bläh …«

Ein altes französisches Seemannslied, von Bert Brecht wiederentdeckt, von Christa Wolf in ihrem Buch »Störfall« schmerzvoll zitiert, als die Giftwolke von Tschernobyl den azurnen Himmel verdunkelte.

Oder:
  Die zweite Strophe eines alten deutschen Volksliedes aus Thüringen:

»Blau blüht ein Blümelein
das heißt Vergissnichtmein.
Dies Blümlein leg ich ans Herz
Und denk an dich.
Stirbt Blum und Hoffnung gleich,
bleib ich an Liebe reich,
denn die stirbt nie bei mir,
das glaube mir«.

Oder:
  Erinnerung an die Physikstunde.
  Als wir die Regenbogenfarben auswendig lernen mussten:
  Violettblau – indigo – grün – gelb – orange – rot -, wobei ich Indigo als mysteriöse blaue Farbe kennenlernte.

Und:
  Mein erster Lebensschrei, der ganz gewiss ins Blaue hineingeschrien wurde, denn die Lieblingsfarbe meiner Mutter war blau.

Für den Säugling war alles in Blau gestrickt – gehäkelt – genäht worden, nicht, wie meine Mutter erzählte, weil sie sich unbedingt einen Buben gewünscht hatte, sondern weil Blau eben auch für ein Mädchen passte; Rosa aber, das sie überhaupt nicht mochte, keinesfalls für einen Buben! Und da ich bis zum dritten Lebensjahr nur ganz wenig Haare hatte, fragte natürlich jeder angesichts des entzückenden Babies – und alle Babies sind ja bekanntlich entzückend – »wie heißt denn der kleine Junge?« Später, ein bissl mit Blau überfüttert, hielt sich meine Begeisterung dafür – besonders nach der Pubertät – in Grenzen.

Erst als ich erkannte, wie schön die Kombination von Blau und Grün sein kann, interessierte ich mich wieder dafür, vor allem auch, was die Kleidung betraf.

Und noch später faszinierten mich die Bilder von Yves Klein, sein Blau – Blau – Blau!

Heute werde ich nicht müde, Blau zu entdecken, in allen Variationen bis hin zum Lila, oder gegenläufig bis zum Türkis und Petrol (meinem »Altersblau«).

Aber: weiße Haare mit künstlichem Blau sind mir ein Greuel!

Ach ja: und Maurice Maeterlincks Zaubermärchen »Der blaue Vogel« als Aufführung im Moskauer Künstlertheater! Ich schrie meinen Schmerz, den einer Vierjährigen, lautstark heraus, als die beiden, sehnsüchtig suchenden Kinder ihn wieder nicht fanden, und musste mit meiner Mutter den Zuschauerraum verlassen, bis ich mich beruhigt hatte. Das Glücksgefühl, das beim versöhnlichen Ende sich dann einstellte, nahm ich aber nur schemenhaft durch den Nebel des vorher erlebten Schmerzes wahr.

Sehnsucht – Deine Farbe ist Blau.

Doris Schade, München

Drei blaue Elfchen

blau
die Akelei
sie blüht ungerührt
ich blicke sie an
Wunderwerk

blau
der Horizont
was liegt dahinter
ich weiß es nicht
Unendlichkeit

blau
die Dämmerstunde
der Tag vergeht
ich finde mich ab
Vergänglichkeit

Bernhard Weisgerber, Bonn-Mehlem

DIE MEINE FÜNFZEHN JAHRE ...

In Feindschaft die Geschöpfe, in Feindschaft die Dinge,
Nadelstiche ins schmerzempfindende Fleisch,
das die Zärtlichkeit verleugnete, die es gestern wiegte,
Schmerz unendlich, Schmerz oh Schmerz der Verzweiflung,
Schmerz, Herz und vollkommene Leiden,
und alles ein unbestimmter Traum, den eine Frau mir entriß.

Stunden so träge, so schwer und verdammt,
die den dunklen Flügel des unendlichen Leids zum Flug
sich erheben lassen, das in meinem Herzen erbebt.
(...Und zu denken an die göttlichen Spiegelungen im Traum
in tausend Gifte versenken wollte, meine Augen,
um meine fieberkranken Nerven zu beruhigen.)

Ich weiß nicht, ob die seltenen Freuden ein Ende haben,
weiß nicht, ob sie gnädig mir gewähren
des Feuers heitere und harte, andauernde Unruhe,
welche meine unsteten Pupillen mit Funken entzündete.
Ich weiß nicht, ob die ruhigen Stunden vergingen.
Ich weiß nicht, ob der blaue Vogel in die Ferne floh!

Pablo Neruda: Balladen von den blauen Fenstern. Gedichte spanisch/deutsch. Auswahl, Nachdichtung und Nachwort von Fritz Rudolf Fries. Luchterhand Literaturverlag, München 2000 (dt. Ausgabe), S. 29.

Wie ich im Traum mein Blau fand

Ein grauer Strand. Ein graues Meer. Keine Farbe im ganzen Bild. Nur Strand und Meer, die fast nicht voneinander zu trennen sind. Ich bin allein an diesem Strand, sehe auf das Meer hinaus und sehe im grauen Wasser des Meeres zwei große Amphoren. Sie ragen aus dem Wasser heraus wie riesige Steinkelche. Das Wasser des Meeres reicht bis an den Rand dieser Kelche. Ich befinde mich plötzlich in einer der wassergefüllten Amphoren und tauche hinunter. Ich bin in einer Höhle, die auch mit Wasser gefüllt ist. Ich bewege mich schwimmend, tauchend, einen Gang entlang, der aussieht, als gehöre er zu einer Tropfsteinhöhle. Aus dem Boden heraus ragen Steinstalagmiten. Ich schwimme die Reihe der Steinstalagmiten entlang und halte plötzlich vor einem dieser kleinen Steintürme, die unten bereit sind und oben in einer Spitze auslaufen. Die Spitze oben enthält einen Fleck von der Größe eines Daumennagels. Dieser Fleck ist blau.

Nicht dass ich die Farbe als solches gesehen hätte, der ganze Traum ist grau geblieben. Dennoch wusste ich, dieser Punkt an der Spitze des grauen Steintürmchens ist der Geburtsort der Farbe Blau.

Ich habe bis heute keine Erklärung gefunden für diesen Traum, der mir als einer der sonderbarsten im Gedächtnis geblieben ist.

Herbert Reinecker, Berg

E, ALS DAS **BLAU** GEBOREN WURDE? ¿QUIÉNES GRITARON DE ALEGRIA QUANDO NACIÓ EL COLOR **AZUL**? WER

Ohne Titel, 2000
38 x 50 cm, Öl auf Papier

Dem Blau seine Mutter

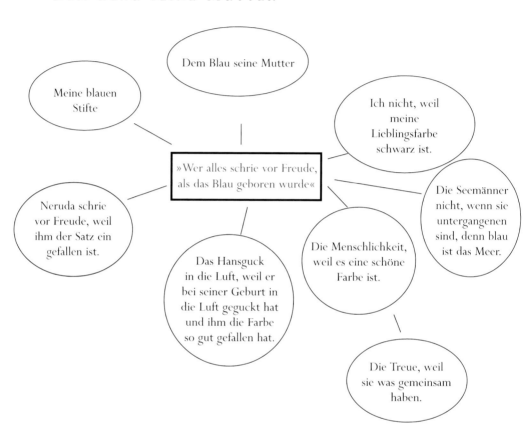

Als das Blau geboren wurde, schrie seine Mutter vor Freude und wie dann die Nachricht gekommen ist, dass Pablo Neruda einen Satz darüber geschrieben hat und die Universität in Erlangen den Satz ausgesucht hat und ihn an das Labenwolf Gymnasium weiter gegeben hat. Die Klasse 5c schrieb, wer es war, der wo geschrien hat, und es wurden tolle Ideen gefunden, und als dem Blau seine Mutter das erfahren hat, schrie sie vor Freude am lautesten.

Schüler einer 5. Klasse, anonym, Nürnberg
(Die ursprüngliche Fassung wurde aus Gründen der Authentizität beibehalten.)

SILHOUETTE DER UNENDLICHKEIT

Farbe, die ich in großen Zügen trinke.
Schweigenblau, das unseren Körper in Versuchung führt.
Flüssigblau,
aus dem die Sonne aufgeht und in das die Sonne untergeht.
Blau, in dem das Neugeborene den ersten Schrei ausstößt,
zwischen den Stufen des Regenbogens,
Rot des Lebens und Blau der Unendlichkeit.
So als entstünde zur Geburtsstunde
das Versprechen der Illusion von Unsterblichkeit,
der Pulsschlag des sich erfüllenden Kreislaufs.
Frauenblau.
Sublimiertes Blau, das im Bewusstsein
verborgen
es enthüllt.
Das Blau eines Paul Eluard bis zum Äußersten,
die saftige Orange, die im Wandel der Zeit vergeht
(so steht es in den »Ausgewählten Gedichten«).
Das Blau des alten Gitarrespielers von Picasso.
Metapher der Kunst zwischen Zerbrechlichkeit und Jenseits.
Blau der Berber.
Schleier, die wie Zauber wehen,
im Gelb der Sahara.
Kussblau, Blau des Friedens und Vergessens.
Vergissmeinnicht.
Leinwandgeflochtene Farben ständig zwischen dem Jahr,
das endet, und dem, das beginnt.
Neruda-Blau, an deinem Meer empfangen.

Blau ohne Antwort, Axiom der Zeit.

Rosa-Elena Maldonado-Bronnsack, Nürnberg/Arequipa (Peru)

GEBURTSSCHREI

l – l – l – l – l – l – l – l – l – l – l – l – l – l – l – l – l – l – l
b – b – b – b – b – b – b – b – b – b – b – b – b – b
bllbllbllbllbllbllbllbllbll
blb – blb – blb – blb – blb – blb
bla
blaa
blaaa
ah
ahh
ahhh
aaauuu
aaaauuuu
blaaauuuu

Kasper H. Spinner, Augsburg

DER TRAUM DES GASTARBEITERS

Ich rede nicht ins Blaue hinein, wenn ich hiermit behaupte, dass die Deutschen am meisten sich selbst hassen. Das merkt man bitte schön an der Behandlung der Farbe Blau. Die Deutschen gelten in der Welt: Blau, Blond und ... das dritte ist doch unwichtig.

Die Farbe Blau ist in der deutschen Sprache negativ besetzt. Ungerechterweise.

Während ich diesen Text schreibe, bin ich nicht BLAU. Im Gegenteil. Ich bin HELLwach. Höchstens bekomme ich einen ROTEN Kopf, weil ich mich SCHWARZ darüber ärgere, dass ich die Deutschen nicht GRÜN und BLAU verprügeln kann, damit sie ein Blaues Auge davon bekommen und auf ihrem Körper Blaue Flecke tragen. Dann könnte ich am nächsten Montag Blau machen, vor Freude. Die Bayern haben ihre Fahne Blau-Weiß, deshalb glauben die anderen Deutschen, die Bayern seien blöd. Blöd sind sie wirklich nicht, aber ein bisschen deppisch, aber nicht deshalb, weil sie auf ihrem Landeswappen das Blau haben. Auch nicht deshalb, weil sie deppisch sind, haben sie das Blau. Das hat auch nichts damit zu tun, dass ihr ehemaliger Landesvater meistens BLAU war. Wenn es davon abgehangen hätte, so müsste jetzt das bayerische Staatswappen schmutzig Quittengelb sein. Schauen Sie sich mal das Gesicht von Stoiber an. Das Leben begann doch mit Blau. Zugegeben, das Blut, das unser Leben bestimmt, hat die Farbe Rot. Abgesehen von den deutschen Adligen. (Dass dies nicht wahr ist, kann Ihnen nicht nur jeder Arzt, auch jede Arzthelferin beweisen.) Aber die Adern, in denen dieses Rote Blut fließt, sind ja Blau. Lassen Sie mal das Rote Blut aus den Blauen Adern raus, dann werden Sie sehen, dass das Rote Blut unnütz wird, stinkt, den Menschen Angst einjagt. Das Rot gilt als die Farbe der Tapferkeit und der Fahnen. Ohne das Blau hätte das Rote aber nicht existiert. Ohne das Blaue Meer, ohne den Blauen Himmel hätten das Rot, das Schwarz, das Weiß und das Grün nicht entstehen können. Gott muss nicht nur Blauäugig gewesen sein – das wissen wir von seinem palästinensisch-jüdischen Sohn Jesus Christus –, er muss auch ein Blaues Gesicht gehabt haben und von Blau umhüllt gewesen sein. Nur das Blau kann einem

Gott die Göttlichkeit verschaffen! Jeder mickrige Engel ist unschuldig-Weiß, der Satan ist angsteinjagend-Schwarz mit Roten Augen, aber der GOTT, majestätisch, Alleskönner und doch kein Angeber, erscheint uns im Blauen Traum in Blau, göttlich, in der Farbe seiner Meere und seines Himmels, wie ein Blauer Deutscher, der im Gastarbeitertraum eines dunkelhäutigen Schwarz-schnurrbärtigen Türken zu sehen ist.

Wenn die Deutschen sich trotz des beruhigenden und vertrauenserweckenden Blaus hassen, wissen sie nicht, was sie an sich haben.

Şinasi Dikmen, Frankfurt am Main/Istanbul

Blau ist die Farbe des Lebens

Ohne das Blau wäre alles nicht schön. Meine Spielsachen sind blau, jawohl. Blau, das ist die Farbe des Lebens. Es ist am Himmel, auf der Jeans und auf dem Hemd oder dem Pullover. Am Himmel die Wolken sind blau.
Ja, blau, das ist die Farbe, ich sag's nochmal. Blau, das ist eine wichtige Farbe, meine Lieblingsfarbe ist sie sowieso. Das Meer ist blau. Wenn es nicht blau gäbe, wäre alles schwarz.

Lena Mayer, Nürnberg
(Die ursprüngliche Fassung wurde aus Gründen der Authentizität beibehalten.)

Ontogenetisches Blau

Ich kenne »Das Buch der Fragen« von Pablo Neruda nicht und kann auf Anhieb die Frage nach der Geburt des Blau exegetisch nicht beantworten. Ich kann sie nur mit einem persönlichen ontogenetischen Bezug beantworten. Dann würde ich allerdings die temporale Dimension ändern (die Frage von Neruda suggeriert Einmaligkeit des Geburtaktes) und die Frage so umformulieren:

»Wer alles schreit vor Freude, wenn das Blau geboren wird?«

Nach meiner Lebenserfahrung sind das diejenigen, die den Sinn des Lebens in der Eröffnung von geistigen und/oder Handlungsperspektiven erblicken, in denen noch keine Restriktionen abzusehen sind. Ich sage »noch«, weil sich Restriktionen später immer einstellen. Dann fängt aber das Blau an, in anderen Farben zu schimmern. Ich selbst habe in meinem Leben die Geburt des Blau mehrmals erlebt und habe auch mehrmals vor Freude geschrien.

Pavel Petkov, Sofia

..., ALS DAS **BLAU** GEBOREN WURDE? ¿QUIÉNES GRITARON DE ALEGRIA QUANDO NACIÓ EL COLOR **AZUL**? WER

Ohne Titel, 2001
38 x 50 cm, mixed media

KLEINE ANTWORT MIT DEREK JARMAN: BLUE

Vor Freude großer Neruda
schreit heute keiner mehr
schließ weg deine Frage
sie facht nur Geplapper an
aber denk an

Das Blau das Blau

das zeilend flimmert und zuckt
den Bildschirm füllt verhüllt
jedoch das Hören schärft
erahnen gar spüren lässt
den Hauch des Rittersporns

Jürgen Baurmann, Wuppertal

Wenn Gott zaubert

An einem schönen Wintertag, an dem der liebe Gott gerade nichts zu tun hatte, sagte er sich: »So, heute kann ich ja mal ins Labor gehen.« Gemächlich schritt er durch den langen Korridor, wo viele Türen angebracht worden waren. An der dreiunddreißigsten blieb er stehen. »Gut zu lesen«, dachte er sich, als Gott das Schild beguckte, worauf stand:

> Labor
> 1 Mal Klopfen

Er klopfte. Langsam trat er ein. Höflich erschallte es: » Guten Morgen, Herr Gott!« »Guten Morgen Ihnen auch!« antwortete der liebe Gott. »Ich habe eine Idee bekommen, als ich eine lila Blume sah. Die wollte ich hier ausprobieren.« »Ja, bitte, wir wollen Ihnen keine Last sein.« Eilig gingen die Wissenschaftler aus dem Raum.

Gott schloss sich ein, weil er nicht gestört werden wollte. Nun nahm er einen Topf und schüttete lila Farbe hinein. »Da!« Mit einem schnellen Handgriff holte Gott die Zauberpinzette herbei. Mit ihr konnte er aus Zusammengemengtem einzelne Teile herausnehmen. Er hatte dabei schon tolle Überraschungen erlebt.

Vorsichtig tunkte er diese Pinzette in die Farbe Lila und zog alles Rot heraus.

»Himmel, was ist denn das?« schrie Gott so laut, dass alle Wissenschaftler herbeigeeilt kamen. Schnell schloss er ihnen die Tür auf, um sie das Neuentstandene betrachten zu lassen.

Neugierig beugten sich die Wissenschaftler darüber und schrieen: »Ah« und »Oh«. Der Schlaueste unter ihnen aber rief: »Oh Gott, oh Gott! Eine neue Farbe ist auf die Welt gekommen!«

»Wie sollen wir sie nennen«, fragten sich alle.

Da ertönte Gottes Stimme: »Ich nenne sie Blau!«

Diese Farbe gefiel ihm so gut, dass er sich wünschte, noch mehr könnten sich mit ihm mitfreuen.

Er entschied sich, das Blau auch auf die graue Erde zu senden, wo es noch keiner kannte.

Dort färbte er den Himmel und alles Wasser blau.
Freudig jubelten die Menschen: »Welch himmlisches Blau!«
Lustig zwitscherten auch die Vögel das Blau an.
Genüsslich tummelten sich die Fische im Blau des Meeres.

Danach ruhte Gott sich erst mal aus und machte eine Zeit lang blau.

Laura, 4. Klasse, Bonn
(Die ursprüngliche Fassung wurde von der Lehrkraft auf der formalsprachlichen Ebene korrigiert; stilistische Besonderheiten wurden aus Gründen der Authentizität beibehalten.)

ES FREUTE SICH . . .

Es freute sich der Graureiher über seinen blauen Zweireiher.
Es freute sich die Blaumeise über ihre Bauweise.
Es freute sich die Wanderratte, weil sie was zu blaudern hatte.
Es freute sich das Einhorn auf 'ne Packung Blaukorn.
Es freute sich der Sumpftapir auf das neue Blaupapier.
Es freute sich der Blauspecht, weil er so gern die Prelle zecht.
Es freute sich der Blauwal, weil niemand ihm die Schau stahl.
Es freute sich ein Reiter, als blauer zog er weiter.
Es freute sich die Blaubeer, als ob sie gar nicht schlau wär.
Es freute sich das Rübenschwein.

Warum? Das fällt mir leider nicht mehr ein.

Herbert Michel, San Juan (Costa Rica)

SÄNGERIN DER NACHT

Die dahinging im blauen Kleid singt.
Sie singt vom Sterben durchdrungen vom
Sonnenstrahl der Trunkenheit.
Und außer dem Lied ist da das Kleid,
das weiße Pferd,
das grüne Herz,
Echotätowierungen zum Schlagen eines toten Herzens.
Ausgesetzt
allen Verlusten, singt sie neben einem
verirrten Mädchen, das sie selbst ist,
ein Glücksamulett
und außer dem grünen Nebel der Lippen
dem kalten Grau in den Augen,
kennt ihre Stimme den Abstand,
der da besteht zwischen Durst und der Hand,
die das Glas sucht.
Und sie singt.

Alejandra Pizarnik, Buenos Aires
Übersetzung: Annita Reim

Warum unser blauer Planet so strahlt

Als Gott mit dem Urknall
die Welt hat gemacht,
da war er in Stimmung,
drum hat's so gekracht.

Er war sehr gut drauf
und strengte sich an,
schuf Pflanzen und Tiere
und schließlich den Mann.

Dann blickte er lang
auf die Erde hinab
und dachte bei sich:
Da geht noch was ab.

Die Erde ist farblos,
es fehlt ihr der Glanz,
sie braucht viel mehr Wärme
und mehr Eleganz!

Und er krönte sein Werk:
Er schuf eine Frau.
Seitdem strahlt die Erde
in herrlichstem Blau.

Claus Schulte-Uebbing, München

Mein symbolisches Triptychon

II Nichts

Die zersplitterte Illusion wird auf meinen Wegen hallen,
nur Müdigkeit, nur Schmerz wird das Ergebnis sein,
alle meine Gottesbäume werden in Müdigkeit verfallen,
kläglich werden meine Liebesfontänen rauschen, allein.

Die duftende Erde wird nichts als Dornen treiben,
ein jämmerlicher Saft wird blutleer aus dem Grünen fließen,
krank wird mein Auge sich am Schicksal reiben,
da die Blumen meines Wegs blutrot in meine Wunden stießen.

Arme blaue Fenster meiner blühenden Fantasie,
in meinem Leben ist sie nichts als Hohn
unter der blinden Regung der Verzweiflung.

... Dann bringt ein neues Lied den Wind der Hoffnung
und weckt noch einmal mit Rosen den müden Leib
und ist auf den leeren Wegen ein müder Zeitvertreib.

Pablo Neruda: Balladen von den blauen Fenstern.
Gedichte spanisch/deutsch.
Luchterhand Literaturverlag, München 2000, S. 43.

Über der Sintflut schläft Vishnu

Sintflut
Wolkenbedeckt
Dunkelgrau im Schiff
Grau die Welt
Rot der Himmel
Gelb die Gesichter
Weiß die Gedanken
Olivengrün die Hoffnung

Sintflut
Wiedergeburt
Taube der Hoffnung
Blau durchs Fenster
Die neue Welt
Du ich er sie
Wir alle
Schrieen damals
Vor Freude

Sintflut
Wir alle weinen
Alle
Heute
Vor Angst
Vor neuer Sintflut
Vor totalen Kriegen
Hoffnung
Keine

Über der Sintflut
schläft
Vishnu
Schöpfer
Zerstörer
Retter
Auf dem Schlangenbett

G. Krishnamurthy, Madras

DAS **BLAU** GEBOREN WURDE? ¿QUIÉNES GRITARON DE ALEGRIA QUANDO NACIÓ EL COLOR **AZUL**? WER SCHR

DIE REGENWOLKEN ZOGEN AB

Der himmel läßt im wasser farbe,
und der teich
steht wie benommen von blau

Der nußbaum,
der große grüne hund, schüttelt
sein nasses fell

Reiner Kunze
Aus: ein tag auf dieser erde. gedichte. S. Fischer Taschenbuch Verlag GmbH,
Frankfurt am Main 1998, S. 13.

E, ALS DAS **BLAU** GEBOREN WURDE? ¿QUIÉNES GRITARON DE ALEGRIA QUANDO NACIÓ EL COLOR **AZUL**? WER

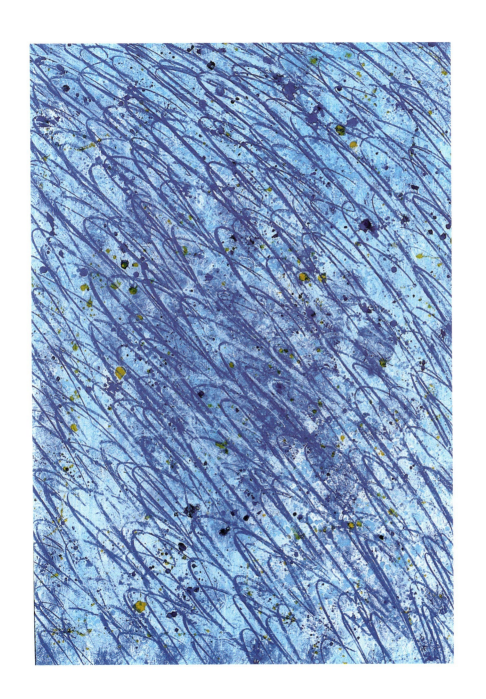

Sin titulo, 1995
85 x 60 cm, mixed media auf Papier

Das Blau entzieht sich meiner Hand

Vor mir ist alles Blau.
Ein wahrlich wunderschön wirkendes Blau, Lapislazuli – Azul von unergründlicher Tiefe.
Ich liebe dieses Blau …
In ihm sind die herrlichsten Dinge auf der Erde: das Meer und der Himmel.
So ist es einzigartig mein.
Das Blau gibt es im Gegensatz zu allen anderen Farben – Rot, Gelb, Grün, Violett, in keiner anderen Form als im unendlichen Himmel und im tiefen Meer.
Für den Menschen ist es unerreichbar.
Es gibt keine blaue Paprika, keine blaue Kiwi, keine blauen Spaghetti, keine blauen Blätter.
Denn das Blau ist zu schön, um sich in fassbaren Dingen darzustellen.
Man kann es nicht greifen.
Durch das Blau entsteht eine Illusion.
Nimmt man einen Tropfen Wasser aus dem Meer, ist es plötzlich transparent.
Den Himmel erreicht man erst gar nicht mit Händen.
Auch der leuchtend blaue Schmetterling entzieht sich lebendig schwirrend des Menschen gieriger Hand.
Blau ist unergründlich.
Gegen das tiefe, harmonische, weiche Blau fühle ich mich wie ein herbstliches Blatt.

Andrea, Rio de Janeiro / Nürnberg

FARBKLÄNGE

Als Komponist habe ich mir die Aufgabe gestellt, ein Stück zu komponieren, das all die möglichen Farbkombinationen in die Luft »malt«. Ich habe mich entschlossen, ein Stück für zwei bis fünf Saxophone zu schreiben, wobei ich den verschiedenen Farben charakteristische Klänge zugeordnet habe. Die drei Komplementärfarben werden durch Mehrklänge dargestellt. Da auf allen Saxophonen keine allgemeingültigen Mehrklänge existieren, sollen sich die Interpreten selbst die Mehrklänge zusammenstellen, die folgende subjektive Kriterien erfüllen sollen:

Rot: Mehrklänge, die in sich stark bewegt wirken.
Gelb: Mehrklänge, die eine extrem exzentrische Wirkung erzeugen.
Blau: Mehrklänge, die eine sehr konzentrische Wirkung haben.

Ausgehend von dem weißen Dreieck in der Mitte der Komposition (was die additive Farbmischung symbolisieren soll), wähle man:
- eine Grunddynamik oder eine dynamische Entwicklung
- ein Grundtempo oder eine Tempoentwicklung
- eine freie Phrasierung.

Nach Festlegung dieser Parameter begibt man sich auf den Weg durch die Farbenvielfalt. Bei einer Farbe kann man sich beliebig lang aufhalten.
    Bei dem Wechsel zu einer neuen Farbe muss man den Linien folgen! Der Übergang zwischen den verschiedenen Farben wird durch Pausen gestaltet, in denen das gewählte Tempo beibehalten werden muss!
    An beliebiger Stelle kann man immer zum Zentrum (dem weißen Dreieck) zurückkehren, um sich neue Parameter zu setzen.

Aufführungspraktische Hinweise:
- Damit die »Farben« der verschiedenen Spieler sich gut mischen, empfehle ich einen sehr halligen Ort für die Aufführung (Kirchen, Türme, Treppenhäuser, Wälder …).
- Um unter den Saxophonisten eine möglichst neutrale Aktion zu erhal-

ten (d.h. sie sollen nicht aufeinander agieren!), ist es von großem Nutzen, wenn sich jeder Interpret eigene »Farb-Wege« zurechtlegt, die er gegebenenfalls auch ausnotieren kann.

Markus Zitzmann, Bamberg

WUNDERSAME SAN SUN

»Achtzig Kilometer sind das Mindeste, sonst werden wir alle seekrank.« Thomas wiederholt seinen beschwörenden Ratschlag, sobald ich auch nur daran denke, den Fuß vom Gaspedal zu nehmen. So eilen wir in rhythmischen Hopsern über das Waschbrett der schnurgeraden, zinnoberroten Piste. Rechts und links des Weges erstreckt sich nichts als Buschland. Stachelige kleine Bäume, verdurstende Büsche, zähes Gestrüpp, trockenes Gras – alles hat die Farbe von Stroh. Es ist Winter. Nur ganz vereinzelt regnet es und dieses Wenige muss für den kommenden Sommer reichen.

Die obligatorischen Geier kreisen gemächlich über dem Land. Wir haben die Fenster heruntergekurbelt. Die Klimaanlage des neuen Landcruisers läuft auf Hochtouren. Auf der Rückbank versucht Anne erfolglos, freifliegende Stapel von Pauspapier zu ordnen. Ich beobachte sie im Rückspiegel, kann meinen Hals nicht mehr drehen. Drei Tage sind wir unter einem Felsdach gelegen und haben die über uns dahinlaufenden Antilopen und die große behaarte Schlange abgezeichnet. Feldforschung ist Knochenarbeit. »Archäologen müssen gute Rückenmuskeln haben«, sagt Thomas; er schätzt, dass noch nicht einmal die Hälfte aller San Malereien bekannt ist. Die neueingerichtete Anlaufstelle des Instituts bekommt fast jede Woche den Anruf eines Farmers, der wieder Felsbilder oder Steingravuren auf seinem Land entdeckt hat.

Seit Jahrtausenden zogen die San durch das südliche Afrika, von den Höhen der Drakensberge bis nach Namibia, vom Kap bis in die Trockenheit Botswanas. Sie waren Überlebenskünstler in den wasserarmen Buschlandschaften. Von ihrem Weg zeugen die Steingravuren im Buschland und den Flussbetten; von ihrer Welt erzählen die Malereien an Felsüberhängen und Wänden kleiner Höhlen: Die Tiere in leuchtenden Erdfarben und dem gebrannten Schwarz. Menschen, die tanzen, jagen, spielen. Die anthropomorphen Wandler zwischen den Welten besiedeln die Orte, die ihnen über diese lange Zeit als Rastplätze dienten. Immer wieder wurde Verblassendes zu neuem Leben erweckt, wurden weitere Figuren hinzugefügt. So kreuzen schließlich auch die schwarz-weiß gescheckten Kühe der Afrikaner den Weg majestätischer Antilopen, den Protagonisten der Mythen.

»Hast du dein Schwimmzeug mitgenommen?« Anne klebt wippend an meinem linken Ohr und versucht offensichtlich, mir auch noch einen Hörschaden zuzufügen. Ich schaue in das getrocknete Beige der Landschaft und überlege, ob das ein weiterer typisch englischer und für mich erst in zweiter Linie verstehbarer Scherz ist. Wir sind mitten im Busch, außer ein paar Pfützen flüssigen Inhalts undefinierbarer Konsistenz ist mir seit Tagen nichts Beschwimmbares vor die Augen gekommen. Ich lächle leicht ambivalent, was bei unverstandenen Statements im Ausland erfahrungsgemäß nie verkehrt ist und versuche, mein Ohr auf Distanz zu bringen. »Halt mal an, ich übernehme.« Anne klettert über die Rückbank und plumpst auf den Fahrersitz. Ihre Fahrkünste sind berüchtigt. Sie ist extrem zierlich, der quirlige Gegenbeweis zu Thomas' postuliertem Feldforschertypus. Sie kennt den Job seit vielen Jahren und keine Hindernisse. Ab und zu suchen wir mit dem Fernglas die Ebene nach drohenden Geschwindigkeitskontrollen ab und fliegen dahin, immer gen Südwesten.

»Bophuthatswana« – ein riesiges knallrotes Manifest am linken Straßenrand. Ich sortiere meine mentale Landkarte und beginne zu ahnen. Wir sind in einem der sieben Landteile Südafrikas, die unter diesem Namen zusammengefasst sind. Die Gebiete werden von der schwarzen Bevölkerung rechtlich und wirtschaftlich autonom verwaltet. Sie sind sozusagen Ausland, und dieser Teil beherbergt den Gegenpol zum englisch-afrikaansschen Lebenspflichtgefühl:

»Oase der Wunder, bezaubernde Landschaften inmitten des Buschs. Freude, Spiel, Spaß und Luxus ohne Grenzen«. Ein Ort der Erholung, des Vergnügens und ein Ort der Bankrotterklärungen. Die San, die Betonhütten, die rote Erde, der Durst der Buschwüste liegen hinter uns. »Welcome to Sun City!«

Leuchtendes Blau.

Zur Krokodilfarm nach rechts, Parking area bitte links ab, 25 Rand für einen Tag, billig. Die Hotels haben eigene Parkhäuser, die Zufahrt zum »Palace« hat bewaffnetes Wachpersonal und Schranken.

»Den Badeanzug kaufen wir später.« Anne und Thomas sind damit beschäftigt, die staubigen groben Stiefel, die sie wegen der Schlangen im Busch tragen, mit Slippers zu tauschen. Um uns herum wehen hohe Palmen im leichten Wind. Eine kleine Drahtseilbahn zieht fröhliche Menschen in bunten Kabinen über unsere Köpfe hinweg.

Wir laufen.

Ein gigantisches Tor – vermutlich orientalisch – nimmt uns auf und leitet uns auf einen breiten, von blühender Bougainvillea flankierten Weg. Springbrunnen plätschern, kleine gelbe Vögel flattern umher, ich beginne Kolibris zu sehen. Vor uns erhebt sich ein Gebirge aus Architekturen kubistischen Schnitts: weiß getönte Scheibenfronten, die im Sonnenlicht golden glitzern. Wir öffnen die schweren Türen und treten ein in ein gedämpftes, Klimabox-gekühltes Halbdunkel. Lichterketten verbreiten eine geheimnisvolle, fast weihnachtliche Atmosphäre. Bildschirme flimmern und zeigen schnittige Rennboote und muskulöse, lachende Männer, die Wasserski fahren und Golf spielen.

Vor uns liegen Straßen, Gassen, Kavernen mit kleinen Läden (Badeanzug!), Cafés, Restaurants. Überall Wegweiser »Great Concert Hall«, »Sunshine Lane«, »Africa Plaza«, »Lost City«. Wie war das noch mal mit dem Faden der Ariadne?

Die ornamentierten Wände einer breiten Avenue öffnen sich zu einer vielstöckigen Halle, die von einer riesigen Kuppel aus buntem Glas bedeckt wird. An den kleinen Tischen der Galerien sitzen Menschen, viele Menschen, und murmeln. No smoking area. Schwarze Kellner in weißer Livree huschen mit vollen Getränketabletts umher. Seidenblumenkaskaden fließen in den Raum. Von der Mitte der Halle erhebt sich ein turmhoher Brunnen. Gazellen mit spiegelnden Mosaiken auf dem Rücken springen darauf herum. Bäche strömen durch Farnwälder und über weiche, grüne Moosrücken zu Tal. Die ganze Halle ist erfüllt von den sphärischen Klängen einer bekannten amerikanischen Sängerin mittleren Alters mit großem Streichorchester. Überall blinken rhythmisch geheimnisvolle rote, gelbe und blaue Lichtsignale. Die ganze Halle ist voll von Spielautomaten.

Der Wegweiser in Richtung »Lost City« scheint vielversprechend. Die Gasse ist düster. Weiches dämpft die Schritte, alle zehn Meter flackert eine frühmittelalterliche 20-Watt-Fackel an der Wand. Es ist stickig, riecht bedrohlich modrig-katakombisch. Das Gemurmel, das Orchesterspiel aus der großen Halle, wird undeutlich. Nach einigen Fünfzigmeterwindungen öffnet sich der Gang.

Der Versammlungsraum.

Ein hölzernes Tor versperrt den Weiterweg. Eine Stimme aus dem Nichts erzählt beschwörend von irgendeiner verlorenen Kultur, die nach Jahrtausenden wiederentdeckt wurde. Viele Menschen warten vor dem Tor. Die Kinder haben aufgehört zu kichern. Ich drücke die Tüte mit dem neuen Badeanzug an mich. Die Stimme aus dem Nichts wird abrupt abgelöst von Trommelklängen und einem lauten, hohen Gekreische.

Es knarzt, das Tor geht auf.

Die Sonnenbrille, wo verdammt ist die Sonnenbrille.

Wir sind auf einer hohen Brücke aus massiven Steinquadern. Die Sonnenbrille verschafft Umsicht. Vor uns liegt ein Berg mit runder Kuppe. Darauf ein weitläufiges Gebäude, der Palast der verlorenen Stadt, das Palace, mit Zinnen, Erkern, weißen Balkonen, bunten Kuppeln und Türmen. Jeder der vier flankierenden Türme trägt Tier-Figuren, vier Löwen, vier Leoparden, vier Antilopen, vier Reiher, die alle zum Sprung vom Turm ansetzen. Der ganze Berg ist bewaldet mit hohen Palmen. Manche tragen Früchte. Skulpturengesäumte Wege winden sich durch die Landschaft. Wunderschön. Blühende Büsche überall. Kleine weiße Pavillons laden zum Rasten ein. Grüppchen von Menschen, mit großen, leuchtend blauen Ringen um den Leib, marschieren in der Ferne zielstrebig aus meinem Sichtfeld. Ihr Lachen vermischt sich mit der Brandung. Meer.

Die nächste große Welle erwischt mich. Ich muss versuchen, so schnell wie möglich an den Strand zu gelangen, sonst zieht mich die Strömung erbarmungslos in Richtung Pirateninsel. Anne schaut mir interessiert zu. Auch wir haben unser Lager unter einer der vielen Palmen aufgeschlagen. Thomas ist losmarschiert, um Proviant zu besorgen – und – blaue Gummiringe, denn die brauchen wir dringend, wenn wir die lange Wasserrutsche, vom Berg bis in die Bay, benutzen wollen. Wir haben noch zehn Minuten. Die Rutsche wird erst dann freigegeben, wenn die Wellenzeit beendet ist. Die Bay ist einige hundert Meter lang. In leichten Bögen zieht sich der Saum des Meeres dahin. Sanfte melanesische Klänge wehen von den Bars herüber. Schneeweißer Sand rieselt durch Finger und Zehen. Die Palmblätter bewegen sich ein wenig im Wind. Die Oberfläche des türkisen Wassers kräuselt sich. Die auslaufenden Wellen schnappen nach unseren Schuhen.

Das ist Harmonie pur. Blauer Himmel, blaues Meer, blaue Gummiringe.

Ich versuche den Sand aus den Schuhen zu bekommen. Es sind noch etwa zwei Stunden Fahrt bis Johannesburg. Die Straße ist wieder umgeben von hohen Schutzzäunen. Die schwarzen Landarbeiter marschieren wieder mit ihren schweren Koffern irgendwohin. In das Beige der Landschaft mischt sich das Graubraun der Betonbauten. Trostlos.

Demnächst wird die Miss World Competition am Strand der verlorenen Stadt ausgetragen.

Johanna Forster, Pfaffenhofen/Kapstadt

FARBEN – LIEBE
LIEBES – FARBEN

Geliebte,
dir schulde ich
alle Farben der Erde:
deine Augen
haben das Blau der Liebe
   erschaffen,
in deinen Händen
sah ich das Gold der Arbeit,
in deiner Nacktheit
sah ich
die sieben Farben der Sonne
im fließenden Rand
deines Körpers.

1. Weiß
Gott:
Sein Alleinsein
und seine Liebe,
die nicht
Wort werden kann.

2. Hellrot
Ein Kind,
das wachsen will
und den Geschmack
der Liebe
im Mund trägt.

3. Abschiedsblau
Eine frierende Straße,
die sich verliert
auf dem eigenen Pflaster.

4. Hoffnungsblau
Es ist alles gesagt.
Wir warten.
Erreicht ist die Stille,
die dem Tod am fernsten ist,
das strömende Licht,
das der Tod schuldet.

5. Liebesblau
Der Augenblick,
als du mich geboren hast
aus meinem Körper
in unserem unendlichen Mehrsein.

6. Dein Blau
Deine Stimme,
die dir nichts sagt,
dein Geruch,
der dir fremd ist,
danach sehne ich mich.

7. Purpur
Getrocknete Blume.
Sie küsst und segnet das einsame
   Leben.
Geschaffen aus mattem Blau.
Nur in den Nächten
wächst das Blau des Himmels
zur Liebe.

8. Gelb
Geruch von schwitzender Liebe.
Blume unter der Erde,
die als Saat
getrocknet sein will.

9. Schwarz
Ohne dich bin ich nichts,
sagt der Mann mit geschlossenen
Augen
und der Stimme der Kindheit,
allein in der Mitte des Hauses,
ohne dich bin ich nichts.
Er umarmt seinen eigenen Körper.

10. Grün
Herrscher der Schmerzen,
durch Schmerzen gewachsen.
Seine Arbeit ist es,
betrogen zu werden
durch alle Farben,
die er Tag für Tag malt.

11. Traumweiß
Das Kind auf den Wolken.
Es ist dir vertraut.
So wie es geht,
ist es dir ähnlich.

12. Rot
Während die Rose in voller Blüte
wartet,
dass die Knospe an ihrer Seite
erwacht,
erzählt sie frivole Geschichten.
Sie leidet am Stich ihrer eigenen
Dornen
und destilliert ihre Farbe aus dem
eigenen Schmerz.

13. Todesschwärze
Die Tür, die niemand durch-
schreitet,
immer geöffnet,
ist die Tür, die einlädt zur Trauer.
Ein wissendes Lächeln
liegt auf seinen Lippen: Dem
reinen Weiß
schuldet er alles, der Alte.

14. Lila
Auch die vornehmste Hure
nimmt Falschgeld,
wenn ihr die Liebe
begegnet.

15. Blauohnedich

1.
Geliebte,
als ich in die elende Stadt kam,
linterließ ich dir alle Farben.
Berlin: Ohne dich eine Leinwand
von einem besoffenen Maler,
der in den Kneipen die Farben
verspielt hat. Er beklagt sich:
Huren sollte ich malen,
nicht diese Stadt.

2.
Geliebte,
ich komme zu dir zurück,
nimm mich auf
in deine lichtgelbe Wärme,
lass mich wachsen
in dir, in die offene Röte,
tief in die Tiefe der Liebe,
in das leuchtende Fruchtfleisch,
lass mich durch dich geboren sein
in ein schwingendes Blau.
Du sollst mein Exil sein.
Mein Asyl
ist die Liebe.

Habib Bektaş, Erlangen

E, ALS DAS **BLAU** GEBOREN WURDE? ¿QUIÉNES GRITARON DE ALEGRIA QUANDO NACIÓ EL COLOR **AZUL**? WER

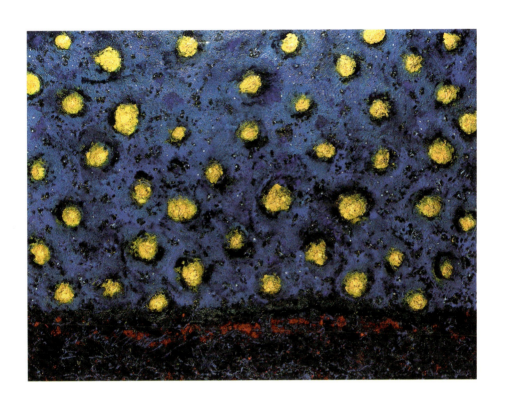

Heaven's Gate, 1996
114 x 146 cm, Pigmente auf Holz

SILBERSTILL

Aus Frauenbrauen
blau vertrauende Augen
schauen silberstill.

Walter Gebhardt, Bayreuth

Ertrunken im Blau

Erst Jahrhunderte später, als das Liebesgeflüster der Wale entschlüsselt und aufschlussreich gedeutet werden konnte, geriet auch die mysteriöse Geburt des sagenumwobenen Blau wieder in die Schlagzeilen naturwissenschaftlicher Zeitschriften.

Dabei war es nur einer, der schrie.
Wo es war? Nur vage Vermutungen, keine Angaben über Breiten- oder Längengrade. Atlantis wird mit der Geburtsstunde des Blau in Verbindung gebracht und in die Nähe zu dem erloschenen Vulkan. Die Landschaft, ein einziger Kontrast zwischen grau-schwarz-schillerndem Gestein und dem strahlenden Azur des Himmels.

Delphine waren wohl die Entdecker:
Die Intensität der Farbe brachte sie auf Fluchtgedanken, sie versuchten, dem tiefen Blau zu entkommen, sprangen meterhoch und mussten doch immer wieder zurück in ihr Element.

Der gestrandete Namenlose, der sich am Fuße des Vulkans friedlich auf seinen Lebensabend vorbereitete, nahm es als Einziger wahr.
Das Tanzen der Delphine, er wollte es nachahmen, hinterher, angezogen von der Bewegung und geblendet von einem unwiderstehlichen Blau.
Er sprang, lachte vor Freude – und ertrank darin.

Jutta Wolfrum, Thessaloniki

Jubel in Blau

Es schrie glucksend vor Freude die Donau, die im Blautopf
eine ihrer Geburtsquellen gefunden hatte.

Es jubelte heiter Josef Offenbach, denn im mordenden Blaubart
hatte er nach langer Suche einen Operettenhelden gefunden.

Es schrien laut und schrill die Country-Sänger, die nun immer
wieder in die Blauen Berge von Oregon reiten konnten.

Es jubelten mit allen Sinnen die Dichter der Romantik, die mit
der Blauen Blume endlich ihrer Sehnsucht nach dem Unendlichen
Ausdruck verleihen konnten.

Es schrien profitgierig die Taucher von Capri, die die Blaue
Grotte für den italiensüchtigen deutschen Touristen entdeckten.

Es jubelten genüsslich die Briefmarkensammler, weil die Blaue
Mauritius nun zum begehrtesten Sammelobjekt werden konnte.

Es schrien pädagogisch streng die Lehrer vor Freude, denn
endlich konnten sie die Blauen Briefe verschicken.

Es jubelten farbenfroh die Künstlervereinigung Blauer Reiter,
die endlich eine Erneuerung der Kunst anstreben konnten.

Es schrien mit Brummschädel die Arbeiter, da sie am Blauen
Montag jetzt die Arbeit schwänzen konnten.

Es jubelten vor Stolz die Kapitäne der schnellsten Atlantikdampfer,
denn sie konnten ab jetzt um das Blaue Band der Ozeane kämpfen.

Es jubelte sich jetzt leichter mit blauer Farbe, weiss-blau
macht's der Bayer, gelb-blau die Liberale.

Es jubeln der Koch und der Gourmet, statt grünem Hering nun auch Forelle Blau.

Es schrie emanzipatorisch der Blaustrumpf, als er endlich männerlos gelehrt sein durfte.

Es jubelte triumphierend die chemische Industrie, mit der Blausäure verdiente sie nun unendlich viel – auf Kosten der Humanität.

Es schrie trunken vor Freude Pablo Neruda, eine blaue Flasche mit zitronengelbem Pisco in der Hand. Von seinem wuchtigen Bett aus, durch das zum Meer offene Schlafzimmerfenster seines Sommerhauses am Pazifikstrand konnte er mit der unendlichen Bläue des heiteren chilenischen Himmels seine Gedichte in ziellose Fernen schicken und seine dichterische Sehnsucht schweifen lassen.

Helmut Grau, Rom/Santiago de Chile

Da Mensch is a sau

Pablo Neruda also, dieser literarische Halbgott der Achtundsechziger, der sich für einige von uns in seinen Schriften mitunter doch als ziemlich selbstbezogen darstellte ... aber es geht hier ja um die Farbe Blau und nicht um das Rot der Revolutionsromantik. Und bei der Geburt von Blau vor Freude schreien? Blaue Augen, ojos azules, der filmische Beitrag zur Vergangenheitsbewältigung in Argentinien: betäubte Opfer vom Helikopter in den Fluss geworfen, eingefangene Menschen, unter dem gleißenden Blau des Himmels im Stadion von Santiago de Chile zusammengepfercht – aber eben auch das blaue Meer aus Nerudas mit Schiffsutensilien vollgestopftem Haus, das wahnsinnige Föhnblau über der Pampa, der eisig blaue Winter in der Atacamawüste, überhaupt das unendliche Blau über den Anden und in den Steppen Zentralasiens – es ist nicht mehr. Versaut durch Atomversuche in Kasachstan und den Strahlenschrott von Loop-Nor in Xinjiang. Da Mensch is a sau, polemisierte schon in den siebziger Jahren in Wien The Worried Men Band, und Benn, auch so ein Fan von Blau, hat es schon viel früher auf den Punkt gebracht: Die Krone der Schöpfung, das Schwein – der Mensch.

Nichts mehr mit der Blauen Blume, mit Sehnsucht und Romantik, wir haben zuviel erlebt, wissen zuviel: Unsere Erde, berichten Astro- und Kosmonauten von ihren letzten Flügen, schimmert nicht mehr so schön blau wie früher. Da bietet die space night des Bayerischen Fernsehens mit ihren sanften Raumfahrtaufnahmen keinen Trost mehr, und auch das Weißblau über dem Ammersee evoziert kaum Heimatgefühle, selbst wenn sich der Freistaat, bodenständig und selbstbewusst, am liebsten vom Schwarz-Rot-Gold absetzen und mit einem eigenen Stern auf der blauen Europaflagge erscheinen möchte. Ja, so blau, blau blüht der Enzian, und irgendein früher Historiker hat mal davon geredet, dass der Himmel nirgendwo so schön ist wie in Bayern. Aber das sagt jeder Heimatdichter von seinem Himmel, da steht Blau gegen Blau. Es wabert überall, das Blau.

Aber vielleicht brauchen wir es ja doch, dieses Blau, die Sehnsucht danach. Weder der Ferienrummel der blauen Adriaprospekte noch das Luxusangebot des Blue Train in Südafrika bringt Erfüllung – no kicks on route 66. Wir flüchten in virtuelle Gaukeleien, lagern unser Hirn aus, vernetzen es mit Maschinen, den Produkten unserer Rastlosigkeit, die uns vereinnahmen, auslutschen und fallen lassen. Tödliches Spielzeug im klirrenden Blau des Fortschritts. Schwerelos irren wir umher, der Mensch hat es immer geschafft. Spatzen, Ratten, Kakerlaken – wir sind überall.

Wir ersticken im Selbstmitleid unserer nebligen Breitengrade, während »La cucaracha«, das Lied von der Küchenschabe, als fröhliche Botschaft Lateinamerikas um die Welt fliegt. Wir bringen diesen Rhythmus nicht, zu tief steckt in uns das Umbatätärä vom Großen Ball beim Schützenfest. Warum bloß sind die Germanen nicht alle nach Süden durchmarschiert, unter den ewig blauen Himmel? Wir bräuchten dann nicht Tag für Tag darauf zu warten, dass die Sonne wieder das Blau gebiert, das uns freundlich lächeln lässt.

Peter Apelt, Buenos Aires

FARBE DER ENGEL

Jahrhunderte Farbe der Engel
Blaue Farbe der Seele
Farbe des Zwielichtes
Blau – Blume der Romantiker
Blau das Spiegelbild
Des Tageshimmels
In Seen und Brunnen
Und was heißt Himmelblau?
Verschiedenes.

Bele Bachem, München

, ALS DAS **BLAU** GEBOREN WURDE? ¿QUIÉNES GRITARON DE ALEGRIA QUANDO NACIÓ EL COLOR **AZUL**? WER

Ohne Titel, 2002
65 x 45 cm, mixed media

FRÜHE

Matilde, ich nenn dich Pflanze, Stein oder Rebe,
du bist, was aus der Erde wächst und währt,
Wort in dessen Dehnung erwacht,
in dessen Hitze aufspringt das Licht der Limonen.

In deinem Namen fahren Schiffe aus Holz,
umschwärmt von marineblauem Feuer,
in seinen Buchstaben die Wasser eines Flusses,
der in meinem verdorrten Herzen mündet,

Oh Name unter einer Ackerwinde gefunden.
Du gleichst der Tür zu einem unbekannten Tunnel,
der mit den Düften der Erde kommuniziert!

Oh dringe in mich mit deinem brennenden Mund,
erkunde mich, wenn du magst, mit deinen nächtlichen Augen,
nur laß mich in deinem Namen zur See fahren und schlafen.

Pablo Neruda: Hungrig bin ich, will deinen Mund.
Liebessonette spanisch/deutsch. Luchterhand Literaturverlag,
München 1997, S. 9.

Aus Liebe

Als das Blau auf die Welt kam,
schrie das Gelb auf,
quoll über,
wurde gelber als gelb
und sprach auf das Blau ein,
das frisch auf die Welt gekommen war:

Jetzt fließen wir ineinander
und machen aus Liebe das Grün,
auf daß alles grün wird,
grüner als grün.

Günter Grass, Lübeck

PABLO ZUM BLAU BEKEHRT

Für einen Jazz-Aficionado
ist diese Umfrag' völlig klaro!
Bei Amis hat sie Hand und Fuß:
wer kennt hier nicht the »Birth of the Blues«?

Das Lied erzählt, wie Jazz entstand,
in New Orleans am Delta-Strand.
Doch hör' ich euch sofort ermahnen:
»Wie konnt Neruda das erahnen?

Fand man im Nachlass 'ne Partitur?«
»Weiß nicht! Lest' nur die Tonart Dur!«
Als Germanist nicht ganz so stur,
versuch ich's nun mit Lit'ratur.

Novalis voller Entzücken,
tat sich zur Blum' hinunterbücken:
»Dank, Veilchen dir, nun wird's gelingen,
ich schreib sofort den Ofterdingen!«

Dies mein Befund! Wird drum mich hegen
der Tross der neid'schen Fachkollegen?
Trotz Euer schreib ich unverfroren:
die »Blaue« Blum', ward so geboren!

Neruda, in Paris Gesandter,
traf dort auf 'ne Grupp' Verbannter
und hörte so, auf dieser Basis,
vom Romantiker Novalis!

Hört jetzt noch weiter, Fachvergifter:
er las Novalis, fand dann bei Stifter:
im Bergkristall 'nen Gletscherbau
von einem beispiellosen Blau.

Als Alt-KP-ler hat' er »Rot« verehrt,
ward nun zur Farbe Blau bekehrt!
Das Kapital? Nur 'ne Marotte!
Und Ferien Ost? Ne, Blaue Grotte!

Nun hält die Farbe ihn gefangen
Nach weitrem Blau stund sein Verlangen.
Die Sehnsucht sein erklimmt die Kuppe
im Louvre: Blaue Reiter Gruppe!

Kaum sieht er ein Kandinsky-Tableau
da schreit ekstatisch unser Pablo:
»Ich frohlocke ob des Blaus Genese!«
Und ganz Paris teilt seine These.

Guy Stern, Detroit

Als das Blau geboren wurde

Na, zuerst und vor allem schrie das Gelb. Intuitiv begriff es:
Das ist *die* Farbe. Die muss ich haben. Ganz anders als ich.
Und doch so nah.
Die ideale Er-Gänzung.
Gelb schrie schrill vor Begierde: Komm, du, wir!
Wollen uns einen!

Zö-gern-d-gab-Blau-sich-hin.
B-eden-k-
end!

Erst später, als sie sich mal
aus Zufall zusammen
im Spiegel besahen,
bemerkten sie leicht irritiert:
Sie waren sich, ja nun, recht ähnlich.
Geworden.
Nein. Nicht hässlich.
Ja. Doch. Eigentlich ganz nett. Dieses Grün.
Erinnerte irgendwie. An Frühling? Vielleicht.
Nach all dem!

Nur dann und da, und in diesem Moment und vor dem Spiegel,
dachte Blau,
dachte Gelb mit Vorwurfsfalten:
Du! Bist auch nicht mehr das! Was du mal warst!

Helmut Holoubek, Bamberg

WIDERSTAND IST ZWECKLOS

Die Wahrheit ist blau, genauer aquamarinblau, sie taucht unversehens auf aus dem Nebel, der alles bedeckte. Die Wolken verziehen sich, die Augen vertragen kaum die Helligkeit ----
Die Wahrheit dringt ins Gehirn und zerstört die Illusionen ----
Das Blau ist gewalttätig.
Es macht sich breit in meinen Bildern und Keramik-Objekten:
Frauen mit blauen Haaren und blauem Blick, dem ich hinterher ausweiche. Manchmal zwinge ich mich, andere Blautöne anzumischen: das fröhliche Colinblau oder das geheimnisvolle Indigo. Das Rot wage ich nur spärlich aufzutragen, und wenn, dann töne ich es mit anderen Farben ab, damit es seine unerträgliche Dominanz verliert. Dazwischen setze ich Spuren von Gelb, das die Sonne wärmt; allerdings ist bei Gelb Vorsicht geboten, es verflüchtigt sich schnell in ein Grün oder Orange, lässt sich nicht festhalten. Man muss auf der Hut sein!

Schwarz und weiß sind keine Farben, ich meide sie, bis auf wenige Gelegenheiten ----
Man sagt, Kontraste seien wichtig ----

Aber das Blau ergreift Besitz.
Widerstand ist zwecklos ----

Karl Schuster, Bamberg

Bis zum tiefen Grund des Seins

Wer sonst als der Mensch konnte vor Freude schreien?
Der Mensch, den das Blau überwältigt, dem es Vertrauen schenkt, den es
verblüfft und in Staunen versetzt?
Das Blau des Meeres, das euch Lust macht zu reisen, ja: euch verleitet, in
ferne Länder aufzubrechen.
Der blaue Himmel, der euch die Augen aufreißen lässt und die Seele
wärmt bis zum tiefsten Grund des Seins.
Das Blau, das azurne Blau, das smaragdfarbene Blau –
Die blauen Augen, die euch das Herz dunkelblau färben.

Suzanne Schatt, Duala/Kribi (Kamerun)
Übersetzung: Lutz Götze

BLAUSCHWARZ

Der Himmel
scheint uns,
ist blau,
solang die
Sonne scheint.

Doch scheint sie
nicht, ist unser
Himmel schwarz und kalt.

So wechseln
im schönen Schein
die Wirklichkeiten.
Und jeder meint
»Ich trau' dem Blau«,
dem schönsten Blau,
dem Himmelsblau –

jedoch im Schein
sind beide,
Trauer und Freude.

Peter Seufert, München

NERUDA-VARIATIONEN

Thema:
Wer alles schrie vor Freude, als das Blau geboren wurde?
1. Variation:
Wer alles schrie »blau« vor Freude, als DAS geboren wurde?
2. Variation:
Wer alles war blau, schrie »das«, als vor Freude geboren wurde?
3. Variation:
Wer alles schrie »Vorfreude«, als Blaudas geboren wurde?
4. Variation:
Alles schrie vor Freude, als das Wer blau geboren wurde!
5. Variation:
WERALLESSCHRIEVORFREUDEALSDASBLAUGEBORENWURDE?

Als ich vorgestern, nein, das war vor drei Jahren
aus dem Fenster schaute, sah ich sie, die blaue Spinne
und auch ihr Netz aus fließend blauem Blut.
Sie saugte und das Netz pulsierte. Und in
aquariumsmäßig angedickter Luft das Ganze
beutelauernd stierte.
Viele solcher Netze schweben ständig unbemerkt,
da doch ganz in Blau, an Dir vorbei.
Was noch alles bemerkst Du nicht, da zufällig
Blau in Blau sich tarnt?

Das Schwarz im Negativ ist Weiß.
Das ist die Horizontale, links ist Schwarz und rechts ist Weiß.
Schwarz ist Form und Weiß die Leerheit.

Das Blau im Negativ ist Gelb.
Das ist die Vertikale, Blau ist oben, unten Gelb.
Oben Himmel, unten Erde.
Erde ist verdinglichte Illusion.
Himmel ist vergeistigte Illusion.
Das zum Kreuz unter Blau.

Im Dunkelblau dieser hellen Sehnsucht schwingt Freude
aus der Tiefe in der Einsamkeit meines Seins.
Jeder einzelne Stern sticht Freudepunkte in mein Herz
und alle zugleich.
Im ungehinderten Raum der vierten Zeit.
Zeitlos überall im Raum.
Ein Gefühl von Leben
war das Leben
war das eben.
Für einen kurzen Moment
hier oder da.

Jobst Koss, Starnberg

TANZ IN DIE ENDZEIT

G.: *Mit gedämpft vorwurfsvoller Stimme.* »Von dir, Paulus, habe ich noch keinen Text!«

P.: *Trotziger Unterton unüberhörbar.* »Kriegst du auch nicht. Ich kann nicht schreiben.«

Paulus ist seit vielen Jahren Regisseur und Professor an der Folkwanghochschule in Essen. Wenn ihm überhaupt etwas Spaß macht im Leben, dann Literatur, Theater, Theaterskandale, der Umgang mit Studenten, mehr noch: mit schönen begabten Studentinnen.

G.: »Und das soll ich dir glauben.« *Meine Stimme nimmt nun einen merklich drohenden Unterton an.* »Du willst nicht!«

Rita, seine Frau kichert im Hintergrund. Wahrscheinlich ist das Telefon auf »Mithören« gestellt. Noch wahrscheinlicher ist, sie stimmt mir zu.

P.: »Ich hasse Literatur und diese ganze eitle Literaturzunft.«

G.: »Aber doch nicht Neruda, Paulus?« *Meine zaghaften Versuche zu differenzieren, werden nicht wahrgenommen.*

P.: »Der Neruda ist mir wurscht! Auch so'n Literaturwichser. Überhaupt sollte die alte Garde endlich abtreten. Weg mit Peymann, weg mit Castorf! Heyme, ab mit dir in den Jordan! Zadek soll doch endlich …!«

G.: »Tabori lass ich mir von dir aber nicht kaputtmachen!«

P.: »Gut, der Tabori hat was Magisches, ist ein Spieler …« *Paulus fährt unbeirrt fort:* »Alle müsste man sie in einen großen Sack stecken. Jawoll, in einen großen, schönen blauen Müllsack! Das wär' was. An dem Happening würd' ich mich beteiligen. Alle diese alten Männer gemeinsam in einen blauen Müllsack auf weißem Schnee.« *Paulus' Stimme bekommt etwas Schwärmerisches.*

G.: »Paulus, du bist auch nicht mehr der Jüngste!«

P.: »Das ist überhaupt die Idee: wir machen zusammen ein Happening ...« *Ich wage einen zarten Einwurf.*

G.: »Und wie willst du die Herren Zadek, Peymann und Genossen dazu bringen, in einen Müllsack zu klettern und das auch noch gemeinsam?«

P.: »Wir könnten ja dich stellvertretend nehmen. Du ziehst irgendwas Knalliges an. Rot, würde ich sagen. Der Schnee im Hintergrund und langsam verschwindest du im blauen Sack.« *Paulus ist nun nicht mehr zu bremsen.*

P.: »Du tanzt und ich fotografiere. Das Ganze nennen wir dann ›Tanz in die Endzeit‹, gibt mehr her als ›Tanz in den blauen Sack‹ – oder?«

Wiedergabe eines Telefongesprächs zwischen Freund Paulus Schalich und Gabriele Pommerin nach den anstrengenden Weihnachtsfeiertagen (noch im Jahr 1996). Worum ging es? Um das Spiel mit blauen Worten natürlich. Protokolliert von Gabriele Pommerin, Herrsching

Nel blù dipinto di blù

Gleich zu dem von Ihnen erwähnten Traum in Blau in Domenico Modugnos Lied »Nel blù dipinto di blù«. Wer schrie da wohl vor Freude, als das Blau geboren wurde?

Das Publikum des Schlagerfestivals von San Remo und das italienische Fernsehpublikum, als »Nel blù dipinto di blù« (Blau bemalt im Blau) beim Festival San Remo 1956 den Sieg davon trug; ein poetisches Lied, das bald darauf als Schlager unter dem (falschen) Titel »Volare« um die Welt ging.

Jahrzehnte vorher wohl jubelte das rheinische Narrenvolk, als die Nationalhymne deutscher Säufer zum erstenmal angestimmt wurde: »Heute blau und morgen blau und übermorgen wieder«.

Aber was die Deutschen und die Italiener können, konnten die Österreicher schon lange, denn sie werden nicht weniger vor Freude geschrien haben, als ihnen Johann Strauß den Walzer von der blauen Donau geschenkt hat.

Aber auch die Franzosen hatten Grund zum Jubel, als Luc Bessons Film »Le Grand Bleu« auf den Pariser Kinoleinwänden erschien, oder als die ersten monochromen Bilder und Plastiken von Yves Kleins unglaublich intensivem Blau die Kunstszene überfluteten, jenes Blau, das weder vor der Venus von Milo noch vor der Nike von Samothrake halt machte.

Und jubelten die Russen etwa nicht, als nach über siebzig Jahren das beherrschende Rot der Hammer-und-Sichel-Fahnen der Sowjetunion wieder dem Drittel Weiß und dem Drittel Blau auf der Fahne der russischen Republik Platz machen musste?

Und schrien die Fans nicht auf, als in der Geburtsstadt des Jazz zum ersten Mal angestimmt wurde: »When The Blues Was Born In New Orleans«?

Mario Adorf, Rom

E, ALS DAS **BLAU** GEBOREN WURDE? ¿QUIÉNES GRITARON DE ALEGRIA QUANDO NACIÓ EL COLOR **AZUL**? WER

Blue Sun I, 1995
75 x 55 cm, Öl auf Papier

Mit der Chinesen Worte

... weiß nicht,
wer alles schrie

als das Blau geboren wurde –

weiß nicht,
weil ich nicht alle kenne –

weiß nur,
dass ich mich still freute
als mein Sohn geboren wurde –

dass ich
mit der Chinesen Worte
wünschte:

»Grün
kommt von Blau
und wird das Blau
dereinst
übertreffen!«

Walther L. Fischer, Nürnberg

I CH KANN DEN ANDEREN HELFEN

Ich bin ein Fisch, ein bunter Fisch und ich helfe einem kleinen Fisch, weil ein Fischer ihn angeln will. Der Fisch schreit »AUXILIO«, ich höre und schwimme so schnell ich kann. Ich denke an meine Mutter und meine Oma. Sie sagen: »Ich kann den anderen helfen.« Ich helfe einem anderen Fisch, weil ein großer Fisch ihn essen möchte. Der andere Fisch ist glücklich, er ist jetzt mein Freund.

Junge aus Argentinien, anonym, 8 Jahre
(Die ursprüngliche Fassung wurde von der Lehrkraft auf der formalsprachlichen Ebene korrigiert; stilistische Besonderheiten wurden aus Gründen der Authentizität beibehalten.)

Ins Blaue gesprochen, im Stillen gedacht

Ich sitze,
irgendwo in der Welt, losgelöst von Zeit und Raum und denke ...
    ... ins Dunkel der Nacht.

Die Nacht,
wie sie immer war, wie sie immer sein wird.
Die Nacht,
regungslos und geheimnisvoll, voll Ahnungen und Gedanken.
- Niemand sieht es, niemand weiß es,
keine Zeit zum Teilen, nur zum Schweigen, allenfalls zum Flüstern.
Fähig zum Schauen ohne zu sehen, allenfalls fähig ... zum Sehnen.
Es lebt sich still im Dunkel. Die Gedanken schwirren und suchen ...

Welche Sehnsucht treibt mich um,
welche Sehnsucht uns alle gleichermaßen?
Das Licht.
Das Licht? – Licht, was ist das?

Die Nacht ist dunkel.
Tiefschwarz – blaue Weiten.
Kühler Schatten, kalte Welt. Ich sehe nichts.
Meine Gedanken. Finster. Kreisen um das Leben, kreisen um den Sinn,
Suche nach Geborgenheit, Suche nach mir selbst.

Das Blau der Nacht verändert sich,
das Blau, das einmal Schwarz und Schmerz gewesen ist?
Verändert sich.
Verändert sich? – Veränderung, was ist das?

Die Nacht wird heller,
warme Schatten, schöne Welt. Ich sehe etwas ... ein anderes Blau.
Meine Augen sind erleuchtet, kreisen ums Hier und Jetzt, kreisen um
    den Augenblick.
Erfüllte Natur, erfülltes Sein.

Das and're Blau,
wie es immer war, wie es immer sein wird.
Das and're Blau,
vom kühlen Schwarz zum hellen Schein, voll' Anmut und reich an
        prachtvollen Nuancen.
Jedermann sieht es, jedermann spürt es,
Fähig zum Freuen und zum Lachen, jedenfalls fähig … zu leben.

Ich stehe auf,
seh' das Dunkel der Nacht schwinden und erkenne das helle Blau des
        Tages …
        … gehe auf andere zu, und sie erkennen mich …

Wir freuen uns … gemeinsam … an diesem Morgen,
der so oft dagewesen und doch stets wieder neu,
am ersten Blau des Tages, durchflutet vom Lichte der Erkenntnis …
Ein Blau, das noch nie da gewesen,
so oft und nie gesehen und dennoch stets herbeigesehnt …
Ich seh' zum ersten Mal,
wie immer.

Ich jauchze …
… jauchze in mir voller Freude und rufe leise und doch so laut:

»Sieh das wunderbare Blau des Himmels und der Meere,
ist wohl ›das Licht‹ ….das Licht uns'res Daseins,
der Wandel.

Ich bin ergriffen und erstaunt,
sah es schon und seh' es dennoch immer wieder doch zum ersten Male,
und freue mich im Augenblick … des Lebens.«

Michael Robert Meil, Erlangen

Himmel über Bagdad

Im Traum schrie ich
vor Freude:
Der Himmel über Bagdad
ist
wieder
blau!
Die Erlöser im Namen Gottes
und der großen Freiheit
mussten ihre Weltherrschaft
aufgeben.
Als Grabpfleger auf dem
Erinnerungsfriedhof
mögen sie fortan
ihr Dasein
fristen.

Gottfried Wagner, Cerromaggiore

BLAU LÄCHELT MIR ZU

Wer da schrie? Das kann ich Euch nicht sagen … Ich war nicht dabei!
Ich würde aber bestimmt nicht schreien …
Beim Anblick des Blauen staune ich immer wieder!
Ich tauche ins Blau ein und fühle es wie ein Licht-Schutz-Kleid!
Dieses blaue Licht-Kleid stärkt meinen Leib und meine Seele …
Es schützt meine Seele vor der Außenwelt, vor der Realität,
die manchmal sehr hart sein kann …
Umgeben von diesem blauen Gewand bin ich »Ich selbst«:
Ich habe keine Angst vor mir und meinen Träumen, vor anderen,
vor der Zukunft.
Oft begebe ich mich auf den Weg in das Ferne Land, da wo alles
Blau ist, denn da kann ich Dich immer wieder auf's Neue treffen
und von Dir und mir, von uns träumen.
…
Blau war der Himmel, der Dich geschickt hat.
Blau schienen die Sterne das erste Mal, als wir uns zart umarmten
      und küssten.
Blau war das Meer, in dem ich, »Deine stille Meerjungfrau« lebte.
Blau war das Meer, und ich hatte Angst davor, dass du die
      »Meerjungfrau« wegjagen könntest. Nun kann ich mich mit dem
      Meer »vereinigen« und wie ein Delphin darin schwimmen.
Blau war meine Bluse und meine Haare waren lang, als Du mich bei mei-
      nen Großeltern auf dem Dorf überrascht hast.
Blau hattest Du an, als wir zum ersten Mal Tortellini aßen, und ich
      hatte Gelb an, und Du sagtest »Du bist mein Engel!«
Blau schrieb der Kugelschreiber, mit dem Du das Gedicht »Dein Name«
      für mich geschrieben hast.
Blau war die Nacht, und es war Vollmond, als wir uns zärtlich liebten.
      »Ich liebe Dich!« sagtest Du.
Blau waren die Sonne, der Mond und der Wind, der Regen, der Schnee
      und die Sterne; wie tanzende blaue Lichter freuten sie sich jedes-
      mal, wenn sie uns glücklich beisammen sahen.

Blau: das warst Du für mich! Das zärtlichste, liebste Wesen:
Blau waren Deine langen Finger.
Blau war Dein warmes Lächeln.
Blau waren deine süßen mandelförmigen Augen, jedesmal, wenn
      Du mir in die Augen geschaut hast.
Blau waren die Augen, nach denen Du Dich nach einiger Zeit
      gesehnt hast. Doch es waren nicht meine ...

Seitdem sind viele graue Tage vergangen. Ich habe nun kurze Haare.
Eine Zeit lang hasste ich das Blau; es schmerzte mich zu sehr.
Seit kurzem aber sehe ich mir jeden Abend, jede Nacht, bevor ich
meine Augen schließe, das blaue Licht über mir an:
es leuchtet wunderschön und ich glaube, es lächelt mir zu.

Andromachi Panagiotidou, Thessaloniki

E, ALS DAS **BLAU** GEBOREN WURDE? ¿QUIÉNES GRITARON DE ALEGRIA QUANDO NACIÓ EL COLOR **AZUL**? WER

Ohne Titel, 2000
25 x 13,5 cm, Öl auf Papier

Der Nobelpreis

Mein Nobelpreis hat eine lange Geschichte. Viele Jahre hindurch erklang mein Name als Anwärter, ohne daß dieser Klang zu etwas geführt hätte.

Im Jahre 1963 wurde es ernst. Die Rundfunkstationen verkündeten mehrmals, mein Name werde in Stockholm ernstlich in Erwägung gezogen, unter allen Bewerbern auf den Nobelpreis hätte ich die größte Chance. Matilde und ich setzten Hausverteidigungsplan Nummer Drei in die Praxis um. Wir hängten ein großes Vorhängeschloß an das alte Tor von Isla Negra und versahen uns mit Proviant und Rotwein. Ich legte mir etliche von Simenons Kriminalromanen für die bevorstehende Klausur bereit.

Und schon rückten die Journalisten an. Wir hielten sie uns vom Leib. Sie konnten das von einem riesigen, ebenso prachtvollen wie machtvollen Hängeschloß geschützte Hoftor nicht durchschreiten. Wie Tiger umschlichen sie die Außenmauern. Was wollten sie? Was konnte ich über eine Diskussion sagen, an der nur schwedische Akademiker am anderen Ende der Welt beteiligt waren? Trotzdem machten die Journalisten keinen Hehl aus ihrer Absicht, aus einem trockenen Stamm Wasser zu saugen.

Spät hatte sich der Frühling an der Küste des Südpazifiks eingestellt. Jene einsamen Tage ermöglichten mir, mich mit dem Meeresfrühling vertraut zu machen, der, wenn auch spät, sich für sein einsames Fest geschmückt hatte. Im Sommer fällt kein Tropfen, die Erde ist rissig, rau, steinig, man sieht keinen grünen Halm. Im Winter entfesselt der Meerwind Wut, Salz, hohen Brandungsschaum; dann, Opfer jener furchtbaren Kräfte, leuchtet die Natur bekümmert.

Der Frühling beginnt mit großer gelber Arbeit. Alles überzieht sich mit zahllosen, winzigen vergoldeten Blüten. Dieses bescheiden machtvolle Keimen umkleidet Hänge, umringt Felsen, greift aus zum Meer und überrascht uns auf unseren Alltagswegen, wie um uns herauszufordern, uns sein Dasein zu beweisen. So lange Zeit führten diese Blumen ein unsichtbares Leben, so lange Zeit unterdrückte die trostlose Verneinung der unfruchtbaren Erde sie, daß sie sich in ihrer gelben Fruchtbarkeit nun nicht genug tun können. Bald verlöschen die kleinen bleichen Blumen, und alles überzieht sich mit dichtem, violettem Blühen. Das Herz des Frühlings ging von Gelb zu Blau und dann zu Rot über.

Die alte Agave meines Hauses hat aus der Tiefe ihrer Eingeweide ihre selbstmörderische Blüte hervorgeholt. Diese blau-gelbe, gigantisch-fleischige Pflanze hat über zehn Jahre vor meiner Haustür ausgehalten und dabei mein Körpermaß überragt. Jetzt blüht sie zum Sterben. Sie hat eine machtvoll-grüne Lanze sieben Meter hoch gereckt, unterbrochen nur durch einen dürren, goldstaubbedeckten Blütenstand. Bald werden alle Riesenblätter der agave americana zusammensinken und sterben.

Bauern und Fischer meines Landes haben seit langem die Namen der kleinen Pflanzen, der kleinen, nun namenlosen Blumen vergessen. Nach und nach haben sie sie vergessen, und die Blumen haben langsam ihren Stolz verloren. Sie gerieten unansehnlich durcheinander wie die Steine, welche die Flüsse aus dem Andenschnee bis an die unbekannten Küsten mit sich führen. Bauern und Fischer, Bergbauarbeiter und Schmuggler sind ihrer eigenen Rauheit treu geblieben, dem unablässigen Sterben und Auferstehen ihrer Pflichten, ihrer Niederlagen. Düster ist es, Held noch unentdeckter Gebiete zu sein; wahr ist, daß in ihnen, in ihrem Gesang nur das namenloseste Blut leuchtet und die Blumen, die keiner kennt.

Unter diesen ist eine, die mein ganzes Haus überwuchert hat. Es ist eine blaue Blume von langer, stolzer, glänzender und widerstandsfähiger Gestalt. Auf ihrer äußersten Spitze balancieren die vielfältigen kleinen infra- und ultrablauen Blüten. Ich weiß nicht, ob es allen Sterblichen vergönnt sein wird, das erhabenste Blau der Welt zu betrachten. Soll es nur wenigen offenbart bleiben? Wird es verschlossen bleiben, unsichtbar für andere Menschenwesen, denen irgendein blauer Gott diese Betrachtung verwehrt hat? Oder handelt es sich hier um meine eigene Freude, genährt in der Einsamkeit, verwandelt in Stolz und darauf versessen, diesem Blau, dieser blauen Welle, diesem blauen Stern im verlassenen Frühling zu begegnen?

Gerade in diesem Augenblick verkündet das Radio, daß ein guter griechischer Dichter den berühmten Preis gewonnen hat. Die Journalisten sind abgezogen. Matilde und ich haben endlich Ruhe. Feierlich nehmen wir das große Hängeschloß vom alten Hoftor ab, damit jedermann wieder eintreten kann, ohne zu läuten, ohne sich anmelden zu müssen, wie der Frühling. Gegen Abend kam das schwedische Botschafterehepaar zu Besuch. Es brachte einen Korb mit Flaschen und Delikatessen mit. Sie hatten ihn gefüllt, um mit uns den Nobelpreis zu feiern, der mir in ihren Augen sicher schien. Wir waren nicht traurig und tranken auf Seferis, den griechischen Dichter, der gewonnen hatte. Beim Abschied nahm mich der Botschafter beiseite und sagte:

»Die Presse wird mich sicherlich interviewen, und ich weiß nichts von ihm. Können Sie mir sagen, wer Seferis ist?«

»Ich weiß es auch nicht«, antwortete ich aufrichtig.

In Wahrheit möchte jeder Schriftsteller dieses Erde genannten Planeten irgendwann den Nobelpreis erhalten, einschließlich derer, die es nicht zugeben und derer, die es abstreiten.

Pablo Neruda: Ich bekenne, ich habe gelebt.
Memoiren. Sammlung Luchterhand, Darmstadt und Neuwied.
4. Auflage 1979, S. 306-309.

Blaue Geburt

Blaue Auas und blaue Auen
kamen auf die Welt zusammen.

Die blauen Auas schrieen schrill.
Die blauen Auen strahlten still.

Denn blaue Auas gebar die Hau',
Und blaue Auen des Mondlichts Blau.

Ben Brumfield, Atlanta

AMMERSEE, DEZEMBERWÄRTS

schneenebel, gewirkter
flockenschleier

vorm auge
sturmbestürztes blau

fußmöwen brotkiesel
kaltgebaren

flugenten füttern
den regenbogen

mein ungefähres wort
geht nach brot al sur

José F.A. Oliver, Hausach/Malaga
Aus: José F. A. Oliver: austernfischer marinero vogelfrau. Liebesgedichte und andere
Miniaturen. Verlag Das Arabische Buch, Berlin 1997, S. 82.

WER SCHRIE, WANN, WO VOR FREUDE?

Auf jeden Fall waren die Künstler dabei, denn von da ab wussten sie, welche Farbe die Unendlichkeit hat.

Wolfgang Niedecken, Köln

Die Geburt des Blau

Als das Blau geboren wurde,
war es still.
Farbe eilte her nach Farbe,
welch Gedränge.
Staunend sah'n es alle:
Blau war dies Geschöpf
grenzenlos durchlief's
ein Leuchten
weit hinaus, hinauf,
hinunter und ins Weite.

Da erschrak das Rot,
keifte laut das Gelb,
fluchte hart das Violett,
Schwarz verging
und Weiß entleerte sich vor Ekel.

Hinter ihnen aber löste
sich ein Schrei aus Freude, hell,
setzt' sich auf die Spur,
jene Ferne blauen Lichts
zu erreichen,
grenzenlos.

Kam der Freudenlaut von
 einem Mann,
löste er sich aus dem Munde
 einer Frau
oder war ein Kind es gar,
das zuvor gefragt:
Ist es hinter Sonnenlicht,
hinter Mondenschein dort oben
 blau?
Ist es so?
Dann weiß ich gut:
Dorthin muss ich gehen.
Seh' das Blau schon leuchten hier,
Iris, Häherfelder, Firmament
weisen mir den Weg.
Tiefe See von Kreta und im Grund
 der Teich,
Blautopf tief im Schwabenland,
meine Augen gar
tragen dieses Blau:
Folgt nur, so ihr sucht
Unendlichkeit.

Ortwin Beisbart, Bamberg

E, ALS DAS **BLAU** GEBOREN WURDE? ¿QUIÉNES GRITARON DE ALEGRIA QUANDO NACIÓ EL COLOR **AZUL**? WER

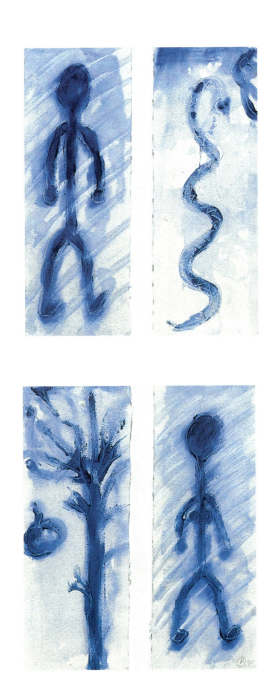

Paradies, 1998
Vier Bilder 14,5 x 38 cm, mixed media auf Papier

Nichts ist wie : Blau: Lau: au: U!

Oft sind es die Menschen, die mir Rätsel aufgeben, und öfter sind es Wörter, die mich vor seltsame Rätsel stellen. Im zweiten Fall ergeht es mir, wie es Goethe bei der Suche nach der Urpflanze ergangen sein mag.

»Die Urpflanze wird das wunderlichste Geschöpf von der Welt, um welches mich die Natur selbst beneiden soll. Mit diesem Modell und dem Schlüssel dazu kann man alsdann noch Pflanzen ins Unendliche erfinden, die konsequent sein müssen, das heißt: die, wenn sie auch nicht existieren, doch existieren könnten und nicht etwa malerische oder dichterische Schatten und Scheine sind, sondern eine innerliche Wahrheit und Notwendigkeit haben.« (Italienische Reise II, 17.5.1787)

Ich kann mir sehr genau vorstellen, wie Goethe durch sämtliche botanische Gärten Italiens mit großer Hoffnung nach der Urpflanze suchte. Vor allem in Sizilien muss er seiner Hoffnung, sie gefunden zu haben, sehr nahe gekommen sein:

»Ich ging allen Gestalten, wie sie mir vorkamen, in ihren Veränderungen nach, und so leuchtete mir am letzten Ziel meiner Reise, in Sizilien, die ursprüngliche Identität aller Pflanzenteile vollkommen ein, und ich suchte diese nunmehr überall zu verfolgen und wieder gewahr zu werden.« (Geschichte meines botanischen Studiums)

Er war der Urpflanze nicht nur sehr nahe gekommen, er hätte sie finden können. Dass er sie nicht gefunden hat, bestätigt nur, dass er sie nicht finden wollte. Denn wonach hätte er in seinem Leben weiter suchen können, wenn er sie einmal vor sich hatte? Er wollte einfach nicht zugeben, dass er gerade das gefunden hat, was sein Leben bis zum Tod festgelegt hätte. Ich kann Goethes Vorgehen bestätigen, weil ich die gleiche Erfahrung gemacht habe. Jahrelang war ich auf der Suche nach dem Urwort der deutschen Sprache.

Und auch ich war der Meinung, dass das Urwort das wunderlichste Geschöpf von der Welt sein wird, um welches mich selbst Goethe beneiden sollte. Ich war der Meinung, dass – wenn ich diesen Anfang erst einmal gefunden hätte – ich alle meine Sorgen mit der deutschen Sprache los wäre. Wie mein Vorbild suchte ich nach dem Wort, aus dem alle anderen

Wörter entstanden sind, und zwar in einer Zeit, als ich noch nicht in der deutschen Sprache lebte. Ich stellte mir das Urwort formlos vor, und doch war es immer in der Lage, neue Wörter zu erschaffen. Vielleicht stellte ich es mir auch wie eine pulsierende Seeanemone vor, die aus dem formlosen Wasser Formen des Unendlichen erfindet. Ich träumte von einem Perpetuum mobile nach Goethes Vorlage:

Im Angesicht so vieler neuer Gebilde von deutschen Wörtern fiel mir die alte Grille wieder ein: ob ich nicht unter dieser Schar das Urwort entdecken könnte? Ein solches muss es denn doch geben! Woran würde ich sonst erkennen, dass dieses oder jenes Gebilde ein Wort sei, wenn nicht alle nach einem Muster gebildet wären.

Heute noch verspüre ich die Aufregung, die mich erschütterte, als ich ahnte, das Urwort gefunden zu haben. Ein feiger Zweifel schlich sich jedoch sofort in meine Brust ein. Ich konnte es mir nicht eingestehen, dass gerade jenes Wort in meinem Kopf das Urwort der deutschen Sprache sein sollte. Weil aber das Wort selbst eine gewisse Nähe zur Verrücktheit in sich barg, dachte ich mir: Es wird bestimmt die Mutter aller Wörter sein. Monatelang wagte ich nicht zu überprüfen, ob mein Urwort wie Goethes Urpflanze funktionierte. Ich hielt es für klüger, in meiner Hoffnung auf Erfolg weiter zu leben. Ich wagte es nicht, das Geheimnis meiner Heiterkeit mit einem Anderen zu teilen. Ich hütete es an sonnigen wie an trüben Tagen, in dunklen wie in hellen Nächten. Um die wundersame Heiterkeit nicht zu gefährden, verbat ich mir weiter zu denken. Ich kappte in mir all die Fähigkeiten, die aus mir einen kritischen und niemals zufriedenen Mensch gemacht hatten. Ich gab mich der Freude hin, das gefunden zu haben, wonach ich immer gesucht hatte. Ich sah mich im heiteren Besitz aller schwachen und starken Verben. Ich stolperte nicht mehr über die Bildung eines Genitivs, über das Erkennen des Geschlechts menschlicher Wesen, und auch die Komposita ließen mich in Ruhe. Ich sah mich jeder Lebensmühe enthoben und ich stellte mich auf eine ewige Lernpause ein. Vor lauter Freude vergaß ich, worüber ich mich freute. Freude zu verspüren war mir wichtiger, als nach dem Grund meiner Freude zu fragen. Denn dies hätte mich bestimmt dem feigen Zweifel in meiner Brust ausgeliefert. Solange die Freude hält, sagte ich mir, kann die

Vorahnung nicht falsch sein. Ich übte mich in der Ausdauer, für Freude empfänglich zu sein. Ich trainierte heiter zu sein. Ich ersann immer mehr unbedachte Kniffe, um die Heiterkeit in mir zu verstärken. Am Ende war ich so weit. Ich hatte aus mir einen Menschen gemacht, der nur aus Freude an der Freude lebte. Weiter hätte ich es auf der Suche nach dem Urwort nicht bringen können. Doch dann meldete sich der feige Zweifel und fragte, ob es nicht an der Zeit sei, aus der Freude einen Erfolg zu machen. Die Frage war – wie jede Frage, die einen Zweifel beinhaltet – hinterhältig. Das Dilemma bestand darin: Hat der Zweifel recht, ist die Freude dahin. Hat er unrecht, ist die Freude genauso dahin. Kurzerhand entschloss ich mich, das Wort in meinem Kopf zu vergessen und damit die Quelle des Zweifels in mir auszulöschen. Da es mir nicht gelingen wollte, nahm ich mir vor, das Wort in meinem Kopf auf seine genetischen Fähigkeiten zu überprüfen, die ich deswegen erahnte, weil mein Wort mit dem Klang eines Ma begann.

Ich sah in dieser Übereinstimmung zwischen Ma und Mama einen echohaften Hinweis auf die genetischen Fähigkeiten meines Wortes. Ich war dennoch nicht minder überrascht, als mir die A-Probe gelang. Die A-Probe sollte mir zeigen, dass aus dem Wort im meinem Kopf weitere Wörter heraussprudelten, leicht und bekömmlich. Die A-Probe gelang mir mühelos. Aus der A-Probe sprudelte ein Wort, von dessen innerlicher Wahrheit und Notwendigkeit ich erschlagen wurde. Das erstgeborene Wort bezeichnete ein tierisches Wesen, das auf dieser Welt verbreiteter als die Menschheit ist. Seine Lebensart bietet sich als unendliche Quelle von Metaphern an. Gerade diesem fruchtbaren Hang zur Metapher verdankt es seinen raschen Eintritt in die Weltliteratur. Und niemand stellt sich dort die Frage, ob diese Quelle ewiger Metaphern durch Gott oder die Evolution geschaffen wurde. Daher sind sich Theisten und A-Theisten darin einig, dass, wenn aus einem Wort ein A-Wort entsteht, wie es mir durch die A-Probe gelungen war, es keinen Zweifel daran gibt, dass es sich dabei um ein Urwort handelt.

Die bestandene A-Probe veranlasste mich, erneut alle Übungen aufzunehmen, die die Freude am Leben erhalten. Jene Freude, die irgendwann durch den Erfolg restlos zerstört wird. Ich hielt daran an grünen und blauen Tagen, in lauen und kalten Nächten fest. Ich schützte die Freude vor jedem Erfolg. Ich versteckte sie vor meinen Augen. Ich trug sie blind herum.

Und dann meldete sich der Ehrgeiz und verlangte nach seinem Recht. Es sei an der Zeit, die B- und die C-Probe durchzuführen, um mit dem leisen Zweifel, der von jedem Urwort ausgeht, Schluss zu machen. Der Ehrgeiz will lieber einen freudlosen Erfolg riskieren als mit einer erfolglosen Freude weiterleben.

Die Nacht vor der B- und C-Probe konnte ich nicht einschlafen. Und es war gut so, denn dieser schlaflosen Nacht verdanke ich, dass ich nach der misslungenen B- und C-Probe drei Tage lang schlafen konnte. Beim Erwachen verspürte ich in mir ein Gefühl der Abwesenheit. Ich verspürte, dass es mir gelungen war, das Rätsel um das Urwort zu lösen, ohne anwesend zu sein. Dabei empfand ich, dass ich in einer Sprache weiterlebte, die in meiner Abwesenheit entstanden war, und ich verspürte, dass mir dies gut tat.

Gino Chiellino, Augsburg/Carlopoli

DER MENSCH BRAUCHT DAS BLAU

Gott schuf das Blau, um die Menschen zu erfreuen.
Das steht in der Schöpfungsgeschichte.
Er wollte eine Farbe erschaffen, die man unbedingt braucht.
Denn das Blau bedeutet ja Treue, ja und die Treue braucht jeder.
Es gibt einen Sinn, wenn der Himmel da ist.
Denn der Himmel braucht die Sonne, um wirklich zu existieren.
Und die Sonne braucht den Himmel, um am Tag die Energie in die Sterne zu speichern.
Wenn es nicht so wäre, sähe man den Himmel nicht, und die Sonne hätte sonst nicht so aussehen können wie jetzt. Und das wäre schade!
Sie brauchen sich: der Himmel, die Sonne und die Sterne!

Zarra, Schülerin afghanischer Herkunft, Bonn, 8 Jahre
(Die ursprüngliche Fassung wurde von der Lehrkraft auf der formalsprachlichen Ebene korrigiert; stilistische Besonderheiten wurden aus Gründen der Authentizität beibehalten.)

Der Flüchtling VIII

Ich liebe, Valparaíso, alles, was du umschließt,
alles, was du ausstrahlst, Braut des Ozeans,
weiter noch als dein tauber Nimbus reicht.
Ich liebe dein ungestümes Licht, mit dem du
in der Meernacht dem Seemann zu Hilfe eilst,
und dann bist du – Orangenblüten Schönste -
die Lichte, Nackte, Feuer und Nebel …
… Valparaíso,
Königin aller Küsten der Welt,
wahrhaft Mittelpunkt der Wogen und Schiffe,
du warst immer in mir wie der Mond oder wie
im Hochwald des Windes Flug.
Ich liebe deine strafbaren Gäßchen,
deinen Dolchmund über den Hügeln,
und auf deinen Plätzen, mit Blau
den Frühling kleidend, das Schiffsvolk
…

Pablo Neruda: Der Große Gesang. Gedichte. Ungekürzte Ausgabe.
Sammlung Luchterhand im dtv, Darmstadt und Neuwied, 1993, S. 349.

WARUM NUR BLAU?

»Die ganze Welt ist himmelblau!«
»Wo hast du nur die schönen blauen Augen her?«
»Kornblumenblau sind die Augen der Mädchen am Rheine!«

Warum nur lieben alle die Farbe BLAU?
Warum ich nicht?
Es muss wohl der Matrosen-Pullover gewesen sein, den ich
Zur Schule trug? Der war BLAU und kratzte!
Ich war acht Jahre alt und zornig!

BLAUer Himmel, BLAUes Meer ... auch PAUL BEUTEL, Vater's Freund,
war meistens BLAU!
Ja, und; »BLAU, BLAU, BLAU, blüht der Enzian!«

Ich nehme meinen Aquarell-Kasten, fülle den Pinsel mit GELB
Und streiche sanft über's BLAU!

»GRÜN, GRÜN, GRÜN sind alle meine Kleider!«

Margot Hielscher, München

E, ALS DAS **BLAU** GEBOREN WURDE? ¿QUIÉNES GRITARON DE ALEGRIA QUANDO NACIÓ EL COLOR **AZUL**? WER

Horizont, 1998
81 x 65 cm, Öl auf Leinwand

»Sänger der Sanftmut«: Der blaue Faden durch Pablo Nerudas literarisches Universum

Erste Abenteuer in der Literatur

Gedichte schrieb Pablo Neruda bereits als Vierzehnjähriger. In den »Heften von Temuco« schrieb der Schüler Neftali Elicier Reyes, so sein Geburtsname, über dreihundert Seiten in drei Schulhefte, um der Monotonie und Starre des Schulalltags zu entkommen.[1]

Bereits der Titel und die ersten Verse dieser Gedichtsammlung

> »Ich liebe die Sanftmut«

weist – Victor Farias, einem chilenischen Nerudaforscher zufolge – auf »die gesamte kontemplative, nie zerstörerische Dichtung des späten Neruda hin« (*Victor Farias. In: Frankfurter Allg. Zeitung vom 23.11.1996*).

So heißt es in seinen »Heften von Temuco« an entscheidender Stelle:

> »Ich liebe die Sanftmut
> über alle Dinge dieser Welt
> In der Stille der Dinge erkenne ich
> einen gewaltigen, stummen Gesang.«

Erstaunliche Verse für einen Vierzehnjährigen!

---

[1] Die »Cuadernos de Temuco«, zu deutsch »Hefte von Temuco« hatten (ihrem Autor ähnlich) ein wechselvolles Schicksal: Die 180 handgeschriebenen Gedichte schenkte der fünfzehnjährige Neruda seiner Schwester Laura, die die Texte wiederum einem Verwandten weitergab, der offensichtlich mit diesem Schatz nichts anzufangen wusste. Gegen eine Sammlung billiger Bücher und ein bisschen Geld überließ er die Hefte einem Manuskripthändler, der sie zur Versteigerung Sotheby's übergab. 1982 wurden sie für viele tausend Pfund verkauft und »verschwanden für immer« (Farias 1996). Die »Cuardenos de Temuco« sind transkribiert und 1996 herausgegeben von Viktor Farias bei den Verlagen Planeta (Buenos Aires) und Seix Barral (Barcelona).

Sanftmut und Liebe ähnlich dem Paradox des stummen Gesangs sollten fortan der rote Faden sein, der sich durch das gesamte literarische Werk Nerudas wie auch durch dessen wechselvolles politisches und privates Leben hindurch zog.

Auf geheimnisvolle Weise scheint das Frühwerk Nerudas mit seinem Spätwerk verbunden zu sein, einer Gedichtsammlung, die 1970 unter dem vieldeutigen Titel »Maremoto« (Beben des Meeres) mit einer Auflage von nur 110 Exemplaren veröffentlicht wurde.

»»Maremoto« ist für uns Chilenen ein Wort, das etwas ebenso Schreckliches wie stets latent Vorhandenes und Nahes bezeichnet«, so Farias in seinem Artikel über seine literarische Entdeckungen des bisher noch nicht vollständig erschlossenen Gesamtwerk Nerudas. »Maremoto« wird von ihm übersetzt als »Beben der Frühe«, eine auf der Welt wohl einzigartige Naturerscheinung, die an der lang gezogenen Küste Chiles zu beobachten ist: »Nach einer Nacht völliger Stille an der Küste, in der nur von fern das Heulen umherstreunender Hunde zu hören ist, beginnt das Meer sich zusammen zu ziehen. Es verdichtet sich plötzlich zu einem Knoten von Wasser, Wind, Steinen und Regen, meist begleitet von einem Erdbeben an derselben Stelle, und entlädt sich mit einer unerhörten Gewalt, die das Rückgrat der Erde zu zerbrechen droht. Ich habe Schiffe von mittlerer Größe, ganze Häuser, Lastwagen und Brücken gesehen, die nach einem Seebeben mehr als zwanzig Kilometer vom Wasser ins Land hinein getragen worden waren. ›Maremoto‹ ist ein anderes Wort für das Grauen« *(Farias. In: Frankfurter Allg. Zeitung vom 23.11.96).*

Zur Zeit der Veröffentlichung von »Maremoto« 1970 zeichneten sich bereits Ereignisse am politischen Horizont Chiles ab, die auf eine Zerstörung von Humanität und Hoffnung in diesem Land hinwiesen.

»Maremoto« ist demnach nicht nur als eine Hommage an das Meer mit seiner Kraft und seinen wundersamen Erscheinungen zu verstehen, sondern auch als Symbol von Düsternis und Vorbote schrecklicher Ereignisse; ein Beben der Erde und der Meere zugleich.

Wollte man den Schüler Neruda charakterisieren, so würde man ihn als einen sensiblen, wachen Menschen schildern, als einen sanftmütigen

Jungen, der Tiere liebte, Pflanzen, Bäume und Blumen genau beobachte-
te, inmitten der »Frontera«, dem »Wilden Westen« Chiles scheu und
zerbrechlich wirkte und sich lieber den Abenteuern der Literatur aus-
setzte denn der Vitalität der rauen Natur, die ihn umgab.

> »Die Jungen am Gymnasium kannten nicht meine Dichtereigen-
> schaft, noch interessierten sie sich dafür ... Manchmal kämpften wir
> im großen verschlossenen Schuppen mit den Eicheln der Steineiche.
> Niemand, den der Eichelschuß nicht traf, weiß, wie sehr er schmerzt.
> Auf dem Weg zum Gymnasium füllten wir unsere Taschen mit
> Munition. Ich war ein schlechter Kämpfer, ich besaß keine Kraft
> und wenig Schlauheit. Immer zog ich den kürzeren.
> Während ich mich begnügte, die wunderbare Eichel zu betrachten,
> so grün und glatt, mit ihrer runzligen Kapuze, während ich mich
> ungeschickt mühte, eine Pfeife daraus zu machen, die sie mir so-
> gleich entrissen, war mir bereits ein Hagel von Eicheln an den Kopf
> geprallt ... Vielleicht sind Liebe und Natur schon früh die Grund-
> elemente meiner Dichtung gewesen.«
> *(Pablo Neruda: Ich bekenne, ich habe gelebt. Memoiren. Deutsch und mit
> einem Nachwort von Curt Meyer-Clason. Luchterhand Verlag, Darmstadt und
> Neuwied 1974, S.14-15)*

Seine ersten literarischen Werke waren Liebesbriefe, die er auf Bitten
eines Nachbarjungen an eine gemeinsame Mitschülerin schrieb. Als die
Angebetete Pablo fragte, ob er der Verfasser der Briefe sei, wagte er es
nicht, sein Werk zu leugnen und löste damit eine Reaktion bei dem
Mädchen aus, das fortan sein Verhältnis zum anderen Geschlecht ent-
scheidend bestimmte:

> »Sie gab mir eine Quitte, die ich natürlich nicht aß, sondern wie
> einen Schatz aufbewahrte. Als mein Schulkamerad auf diese Weise
> aus dem Herzen des Mädchens verbannt war, schrieb ich weiter
> endlose Liebesbriefe und erhielt dafür Quitten.«
> *(Ebenda, S.14)*

Ist hier bereits der Grundstein für die literarische Vorlage zu dem wunderbaren Film »El Postino« gelegt, mit dem der jüngere Schriftstellerkollege Antonio Skármeta den bewunderten Neruda ehrte?

Mystiker der Materie

Wie alle großen Dichter hat Pablo Neruda nicht nur *mit* Sprache, sondern *in* und *durch* Sprache gelebt. Seine Sprache trägt Züge des Sinnlichen und Genießerischen und verbindet auf unverwechselbare Weise Bodenständiges mit Geistigem, was die chilenische Dichterin Gabriela Mistral dazu brachte, Neruda einen »Mystiker der Materie« zu nennen. In seiner von Schmerz erfüllten Abrechnung mit der Conquista beschwört er die Magie des Wortes, die neue Sprache, die die Spanier den Latinos überließen:

DAS WORT

… Alles was Sie wünschen, ja mein Herr, denn es sind die Wörter, die singen, die steigen und fallen … Vor ihnen werfe ich mich nieder … Ich liebe sie, ich schätze sie, verfolge sie, zerbeiße sie, lasse sie im Mund zergehen … So sehr liebe ich die Wörter … Die unerwarteten … Sie, die man gierig erwartet, belauert, bis sie plötzlich fallen … Geliebte Vokabeln … Sie glänzen wie bunte Steine, hüpfen wie Fische aus Platin, sind Schaum, Strahl, Metall und Tau … Manche Wörter verfolge ich … Sie sind so schön, daß ich sie alle in meinem Gedicht verwenden will … Ich fange sie im Flug, wenn sie summen, und halte sie fest, reinige sie, schäle sie, setze mich vor den Teller, fühle sie kristallin, zitternd, aus Ebenholz, pflanzlich, ölig, wie Früchte, wie Algen, wie Achate, wie Oliven … Dann lasse ich sie kreisen, bewege sie, schlürfe sie, verschlinge sie, zermalme sie, putze sie heraus, befreie sie … Lasse sie wie Stalaktiten in meinem Gedicht kreisen, wie poliertes Holz, wie Kohle, wie Strandgut, Geschenke der Woge … Alles ist im Wort … Eine Idee verändert sich, weil ein Wort von der Stelle gerückt ist, weil ein anderes sich wie eine kleine

Königin im Satz niederläßt, der sie nicht erwartet hat und ihr nun gehorcht ...
Sie haben Dunkelheit, Durchsichtigkeit, Gewicht, Federn, Haare, sie haben alles, was an ihnen haften bleibt auf der langen Irrfahrt durch den Fluß, auf der langen Wanderschaft in ihrem Vaterland, während ihres langen Wurzeldaseins ... Sie sind uralt und blutjung ... Sie leben im verborgenen Sarg und in der kaum begonnenen Blüte ... Welch gute Sprache die meine, welch gute Zungen haben wir von den fürchterlichen Konquistadoren ererbt ... Alles haben sie verschlungen, Religionen, Pyramiden, Volksstämme, Abgötterei gleich der, die sie in ihren großen Taschen tragen ...
Mit Riesenschritten durchwanderten sie die gewaltigen Kordilleren, die verwilderten Amerikas auf der Suche nach Kartoffeln, nach Preßkopf, Bohnen, schwarzem Tabak, Gold, Mais, Spiegeleiern – mit jenem Heißhunger, den die Welt nie mehr erlebt hat ...
Wo sie auftraten, hinterließen sie verheerte Erde .... Doch von den Stiefeln der Barbaren, von den Bärten, den Helmen, den Hufen fielen wie Kiesel die leuchtenden Wörter, die uns blieben, funkelnd ... die Sprache. Am Ende verloren wir ... am Ende gewannen wir ... Sie nahmen Gold und ließen uns Gold ... Sie nahmen alles und ließen uns alles. Sie ließen uns die Wörter.«
(Ebenda, S. 55)

An die Reaktion auf sein erstes Gedicht, das er als Zehnjähriger an seine geliebte Stiefmutter schrieb, erinnert sich der alte Pablo Neruda noch als an »eine zerstreute Probe der literarischen Kritik«.

Nach Buffalo Bill, den er zwar als Reiter, nicht aber als »Schlächter der Rothäute« schätzte, lernte der junge Schüler die große chilenische Dichterin Gabriela Mistral kennen, die zu dieser Zeit als Leiterin einer Mädchenschule in Temuco tätig war. Ihr war es zu verdanken, dass Neruda schon sehr früh die russische Weltliteratur kennen lernte, die er bis ins hohe Alter liebte. In dieser Zeit eignete sich der junge Autor das Pseudonym Pablo Neruda an, eine Hommage an den tschechischen Dichter Jan Neruda.

Bereits zu Schülerzeiten gibt er eine literarische Zeitschrift heraus, die den Namen Claridad trägt; ein Titel, der das politische Programm des jungen Neruda und seiner gleichgesinnten Freunde zu erkennen gibt. Mit siebzehn Jahren macht er sich schließlich auf nach Santiago, in die Hauptstadt seines Landes, um dort Anfang der 20-er Jahre ein Studium als Französischlehrer aufzunehmen. Drei Jahre später, 1924, bricht er es ab, um sich ausschließlich der Literatur widmen zu können. Pablo Neruda ist bereits mit zwanzig Jahren ein viel beachteter Dichter. Vor ihm liegen über fünfzig Jahre produktiven literarischen Schaffens, das ihn zu dem bekanntesten Volksdichter machen wird und den die Menschen in Lateinamerika liebevoll Don Pablo nennen werden. In jungen Jahren ist er in ein rituelles Schwarz gekleidet; der Zwanzigjährige führt das Hungerleben eines Poeten, der mehr schreibt als isst, seine ersten Gedichte mit klagender Stimme einem Publikum vorträgt und dabei nicht selten ausgepfiffen wird. In dieser Zeit wechselvollen Lebens zwischen Rückzug in seine kärgliche Studentenbude und einem ausschweifenden Leben des Tangos, zahllosen Raufereien mit »Eintänzern und Radaubrüdern«, der hastig erlebten Liebe mit erfahrenen Frauen, schreibt er »Crespusculario – das Buch der Morgendämmerung«: sein erster, viel beachteter Gedichtband, der 1923 herauskommt und dem er bereits ein Jahr später die »Zwanzig Liebesgedichte und ein Lied der Verzweiflung« folgen lässt.[2]

In schneller Folge erscheinen weitere lyrische und epische Werke, die seinen literarischen Ruhm sehr bald über die Grenzen Chiles hinaus festigen.

Dichter der Liebe und Compañero im politischen Kampf

In seinem Nachwort zu dem posthum publizierten Band von Liebessonetten in spanischer und deutscher Sprache »Hungrig bin ich, will deinen Mund« bezeichnet der Literaturwissenschaftler Rudolf Fries Neruda als einen »Dichter der Liebe«. Bereits in den »Zwanzig Liebes-

---

[2] In Anknüpfung an Nerudas verheißungsvollen Buchtitel sollte der sozialistische Politiker Antonio Leal nach Jahren des Exils, das er während der Schreckensherrschaft Pinochets in Italien zubrachte, sein eigenes politisches Programm unter dem Titel »El Crepúsculo de la política« im Jahr 1996 herausbringen.

gedichten und ein Lied der Verzweiflung« findet die Widersprüchlichkeit seiner Liebesbeziehungen – schwankend zwischen Hingabe und Verzweiflung, zwischen Zuwendung und Einsamkeit, zwischen Zärtlichkeit und leidenschaftlichem Zorn – ihren prägenden Ausdruck im lyrischen Werk des zwanzigjährigen Neruda.

Die »Verse des Kapitäns« schließlich (die er als etwa Dreißigjähriger 1952 zunächst anonym im Selbstverlag publizierte), geben Zeugnis von der so lang geheim gehaltenen Liebe zu Matilda Urrutia, der Muse und Krankenschwester, der Sekretärin und Gärtnerin, der Vertrauten und Geliebten und der späteren Ehefrau Nerudas.

Diese Verse sind entstanden auf Reisen, notiert auf Zettel in Cafés oder im Flugzeug, fast unleserlich und beinahe ohne Korrekturen; sie sind, wie Matilda erläutert, »die Geschichte unserer Liebe, groß in allen ihren Erscheinungsformen. Sie (die Liebe) hatte die gleiche Leidenschaft, mit der er sich seinen Schlachten zuwandte, seinen Kämpfen gegen die Ungerechtigkeiten. Ihn schmerzte das Leiden und das Elend, nicht nur seines Volkes, sondern aller Völker; alle Kämpfe, die dagegen geführt wurden, waren seine Kämpfe, und er setzte sich ein, mit ganzer Person, mit all seiner Leidenschaft ...« (*Rosario de la Cerda – Pseudonym für Matilda Urrutia -: Vorwort zur ersten, anonymen Ausgabe von 1952 des Lyrikbandes: Pablo Neruda: Liebesgedichte. Die Verse des Kapitäns. 20 Liebesgedichte und ein Lied der Verzweiflung. Spanisch-deutsch. Sammlung Luchterhand, Darmstadt und Neuwied. 4. Auflage 1979, S. 10-11*).

Der im Laufe der Jahre so wichtig gewordene politische Kampf gegen die Diktatur seines Landes bildet nicht nur einen äußeren Rahmen für die Liebesbeziehung zu Matilda; die Liebe muss auch gegen enge bürgerliche Moralvorstellungen der damaligen chilenischen Gesellschaft erkämpft und vor politischer Willkür gleichermaßen geschützt werden. Die Jahre des gemeinsamen Lebens mit Matilda (1946-1973) waren freilich keineswegs nur Jahre individuellen Glücks, sondern gekennzeichnet von politischer Verfolgung, von Exil, Rückkehr und Wiederaufbau, von Solidarität mit Gleichgesinnten in aller Welt, von Krieg und erneutem Exil und ständigem Kampf gegen Unterdrückung und Armut.

In dem berühmten Gedicht »Dein Lachen« wird die Verwobenheit seiner Liebe mit der Last gesellschaftlicher Zustände deutlich, die ihn sein Leben hindurch begleiten sollte. Es scheint, als ob Neruda mit diesen Versen auch seinen baldigen Tod voraussieht und Matilda die nötige Kraft geben wollte, ihr Lachen der Zerstörung entgegen zu setzen.

DEIN LACHEN

Nimm mir das Brot weg, wenn du
es willst, nimm mir die Luft weg,
aber laß mir dein Lachen.

Laß mir die Rosenblüte,
den Spritzstrahl, den du versprühst,
dieses Wasser, das plötzlich
aufschießt in deiner Freude,
die jähe Pflanzenwoge,
in der du selbst zur Welt kommst.

Mein Kampf ist hart, und manchmal
komme ich heim mit müden
Augen, weil ich die Welt
gesehn, die sich nicht ändert,
doch kaum trete ich ein,
steigt dein Lachen zum Himmel,
sucht nach mir und erschließt mir
alle Türen des Lebens.

Meine Liebe, auch in der
dunkelsten Stunde laß dein
Lachen aufsprühn, und siehst du
plötzlich mein Blut als Pfütze
auf den Steinen der Straße,
so lache, denn dein Lachen
wird meinen Händen wie ein
frisch erglänzendes Schwert sein.

Und am herbstlichen Meer
soll deines Lachen Sturzflut
gischtend himmelwärts steigen,
und im Frühling, du Liebe,
wünsche ich mir dein Lachen
als Blüte, langerwartet,
blaue Blume, die Rose
meines klingenden Landes.

Lache über die Nacht,
über den Tag, den Mond,
lache über die krummen
Gassen unserer Insel,
lache über den Burschen,
den Tolpatsch, der dich liebt,
aber wenn ich die Augen
öffne, wenn ich sie schließe,
wenn meine Schritte fortgehn,
wenn sie dann wiederkommen,
nimm mir das Brot, die Luft,
nimm mir das Licht, den Frühling,
aber niemals dein Lachen,
denn sonst würde ich sterben.
(Ebenda, S. 21-23)

Freundschaft zu Federico Garcia Lorca

Seine Reisen als Honorarkonsul in verschiedenen Ländern Südostasiens übten einen prägenden Einfluss auf seine gesamte literarische Produktion aus; »Aufenthalt auf Erden« (1933) stellt den wohl bedeutendsten Gedichtzyklus dieser Lebensphase dar.

Endgültig den Weg zur »poesie impure«, also zur politischen und sozial engagierten Dichtung, findet Neruda in diesen Jahren allerdings erst während seines zweijährigen Aufenthalts als chilenischer Konsul in Madrid. In dieser Zeit lernt er die wichtigsten Dichter, Maler und

Intellektuellen Europas kennen. Er macht die Bekanntschaft Picassos und André Bretons; vor allem aber beginnt eine tiefe Freundschaft mit dem spanischen Dichter Federico Garcia Lorca, die mit dessen Ermordung durch die Francisten im spanischen Bürgerkrieg endet. Ihn nennt Neruda einen »Multiplikator der Schönheit«:

> »Nie habe ich einen Menschen mit so magischen Händen gesehen«, sagt er in seiner Autobiographie über den spanischen Freund, »nie einen fröhlicheren Gefährten gekannt. Er lachte, sang, musizierte, sprang, erfand, sprühte. Der Ärmste, er besaß alle Gaben der Welt, und so wie er ein Goldschmied war, ein Bienenkorbbewohner der großen Poesie, war er ein Vergeuder seiner Begabung«
> *(Neruda: Ich bekenne, ich habe gelebt, S.127).*

Jahre nach dessen Tod hielt Neruda einen Vortrag zu Ehren seines toten Dichterfreundes. Aus dem Publikum wurde er gefragt:

> »Warum sagen Sie in der Ode an Federico, daß man um seinetwillen die Spitäler blau malt?«
> »Sehen Sie, Freund,« antwortete ich, »einen Dichter derartige Fragen zustellen, ist wie Frauen nach ihrem Alter befragen.
> Die Poesie ist kein fester Stoff, sondern ein fließender Strom, der häufig den Händen des Schöpfers entgleitet. Sein Rohstoff besteht aus Elementen, die sind zugleich nicht sind, aus Dingen, die es gibt und nicht gibt.
> Auf jeden Fall werde ich mich bemühen aufrichtig zu antworten. Für mich ist blau die schönste aller Farben. Wie die Himmelkuppe setzt sie den Raum in Beziehung zu Freiheit und Freude. Federicos Gegenwart, sein persönlicher Zauber verbreiteten in seiner Umgebung eine Atmosphäre des Jubels.
> Mein Vers will wahrscheinlich ausdrücken, daß sogar die Spitäler, sogar die Traurigkeit der Spitäler sich unter seinem magischen Einfluß verändern und sich plötzlich in schöne blaue Gebäude verwandeln können.«
> *(Ebenda, S.127-128)*

Maritime Passionen

Neruda nennt sich selbst einen »Liebhaber des Meeres«. Die maritimen Passionen eines Schriftstellers mit Sammelleidenschaft beweisen es. Vor allem sein Haus in Isla Negra ist ein nautisches Museum mit seinen Galionsfiguren, seinen Narwalzähnen, den bemalten Kloschüsseln, den Postkarten aus aller Welt, dem riesigen Holzpferd, den Straußeneiern, Schnecken und Muscheln, den Glasflaschen in allen Farben und den Verbotstafeln, alten Autos, die, zwischen den immer neuen Anbauten geparkt, an die Zeiten seiner Konsultätigkeiten erinnern, und schließlich die stilgerechte Schiffstreppe, die direkt in sein Schlafzimmer führt und seine Bettstatt zu einem ozeanographischen Observatorium macht, von dem aus Neruda die vorbei ziehenden Pottwale beobachten konnte. Neruda war sich seiner Sammelleidenschaft und maritimen Besessenheit bewusst und verteidigte diese gegen Spötter und Neider mit Leidenschaft.

> »In meinem Haus habe ich kleine und große Spielzeuge zusammengetragen, ohne die ich nicht leben könnte. Das Kind, das nicht spielt, ist kein Kind, aber der Mann, der nicht spielt, hat für immer das Kind verloren, das in ihm lebte und das ihm arg fehlen wird. Ich habe mein Haus auch als Spielzeug gebaut und spiele in ihm von morgens bis in die Nacht ... «
> *(Ebenda, S.278)*

»Der Ozean ist so groß, ungezügelt und azur. Nirgendwo ist er zu fassen. Deshalb zieht er an meinem Fenster vorbei«, soll Neruda scherzhaft einem Journalisten gegenüber geäußert haben.

Ihm haben es die Seeberichte angetan: Hunderte von Monographien über Wale und Seeschnecken, wissenschaftliche Forschungsberichte und Abenteuerromane über die ganze Segelboote verschlingenden Fangarme von Kraken bevölkern seine Bibliotheken. Auch das Plankton interessiert ihn, »dieses nahrhafte Wasser, molekular und elektrisch geladen, das die Meere mit der Farbe eines violetten Blitzes tönt ...« Zahlreiche Sonette, die seine Liebe auch zu den kleinen Meeresbewohnern besingen, finden sich im »Maremoto«:

»Ja, ich bin eine gepeitschte Alge gepeinigt von gewaltigen Gezeiten: mich erschreckten und erzogen die Bewegungen der Schiffbrüchigen, die Schläge der Stürme: seht hier meine kalten Blüten: meine täuschende Demut vor dem Willen des Windes: also überlebe ich das Wasser, das Salz und die Fischer; mit meinem geschmeidigen Körper mit meiner Weste aus Jod«
(Pablo Neruda: Maremoto. Beben des Meeres. Lithographien nach Holzschnitten von Carin Olfdfelt Hjerttousson. Deutsche Nachdichtung von Tias. DA Verlag Das Andere, Nürnberg 1991, S. 22).

Seine Bewunderung für das Meer, ja, seine Liebe zum Meer lässt ihn das Meer als seinen Lehrer sehen und sich als den liebevollen Beobachter, der eins wird mit den Bewegungen des Seegangs.

DAS MEER

Ich bedarf des Meeres, es ist mein Lehrer:
ich weiß nicht, lern ich Musik oder Wahrheit:
ich weiß nicht, ist es einsame Woge oder tiefes Sein
oder heisere Stimme nur oder leuchtende
Schichten von Fischen und Schiffen.
Tatsache ist, daß, bis ich eingeschlafen,
ich auf magnetische Art mich bewege
in der hohen Schule des Seegangs.

Es sind nicht nur die Muscheln so zermalmt
als hätte ein bebender Planet
allmählichen Tod weitergegeben,
nein, vom Splitter erbaue ich wieder den Tag,
von einer Bö aus Salz den Stalaktiten
und aus einem Löffelvoll den gewaltigen Gott.

Was es zuvor mich gelehrt, ich hüte es! Es ist Luft,
unaufhörlicher Wind, Wasser und Sand.

> Es scheint wenig für den jungen Menschen
> der hierher kam, mit seinen Bränden zu leben.
> Und dennoch, das Pulsen, das da aufstieg
> und in seinen Abgrund sank,
> die Kälte der Bläue, die knisterte,
> das Zerbröckeln des Sterns,
> das zarte Sichentfalten der Woge
> Schnee verschwendend mit dem Schaum,
> die ruhige Gewalt, dort, beschlossen
> als steinerner Thron in der Tiefe,
> vertrat den Raum in dem verbissene
> Traurigkeit wuchsen und angehäuftes Vergessen,
> und es verwandelte jäh mein Dasein:
> ich gab mein Zugehören der reinen Bewegung.
> *(Pablo Neruda: Memorial Von Isla Negra. Hrsg. von Karsten Garscha. Sammlung Luchterhand, Darmstadt und Neuwied 1985, S. 115)*

Sich selbst bezeichnete Neruda des öfteren scherzhaft als Malakologen, was so viel wie Moluskel-Spezialist bedeutet. Seine Sammelleidenschaft trieb ihn schließlich dazu, seine Häuser durch immer neue Anbauten krakenähnlich auszudehnen, um seinen Besitztümern eine angemessene Herberge zu bieten. Als auch die architektonische Ausbreitung nicht mehr ausreiche, entschloss sich Neruda zu einer spektakulären Maßnahme:

> »Was meine Besitztümer betrifft, als sie fünfzehntausend Exemplare überschritten, so überfüllten sie sämtliche Regale und fielen von Tischen und Stühlen. Bücher über Schneckenlehre oder Malakologie, wie man diese nennt, häuften sich in meiner Bibliothek. Eines Tages packte ich alles in riesige Kisten, schaffte diese in die Universität von Chile und machte damit meine erste Schenkung an die Alma Mater. Es war eine bereits berühmte Sammlung. Als gute südamerikanische Institution empfing meine Universität sie mit Lobgesängen und Reden und vergrub sie im Kellergeschoß. Sie ward nie mehr gesehen.«
> *(Neruda: Ich bekenne, ich habe gelebt, S. 169-170)*

So liegt es nahe, wenn Neruda die Schätze des Meeres mit Matilda, seiner geliebten Chascona, verbindet, indem er

> ... »das letzte blaue Sanktuarium« des Mittelmeeres wieder aufleben lässt und die »See- und Unterwasserwelt der Insel Capri« heraufbeschwört, »wo die Sirenen auftauchen, um auf den Klippen ihr blaues Haar zu kämmen, weil die Bewegungen des Meeres ihre wilden Flechten gefärbt und durchnäßt hatte ...«
> (Ebenda, S. 226)

In unzähligen blau getönten Liebessonetten besingt er Matilda, seine »Meeresgöttin«:

> »Indes du eintauchst in den großen Schaum der Isla Negra,
> naß vom blauen Salz, von Sonne auf den Wellen,
> betrachte ich die Mühen einer Wespe,
> die unablässig ihres Universums Honig fordert ...«
> (Neruda: Hungrig bin ich, will deinen Mund. Liebessonette spanisch/deutsch. Luchterhand Literaturverlag, München 1997, S. 29)

Bote des Narwals

Was Neruda zeitlebens ebenfalls mit größter Beständigkeit verfolgte – als Naturforscher wie Dichter – war die Spur des Narwals.

> »Da das gigantische See-Einhorn der Nordmeere meinen Freunden so unbekannt war, fühlte ich mich schließlich als einziger Bote der Narwale und hielt mich am Ende selbst für einen Narwal.
> Gibt es den Narwal?
> Ist es möglich, daß ein außerordentliches friedfertiges Seetier, das eine vier bis fünf Meter lange Elfenbeinlanze vor sich herträgt, die, in ihrer Länge wie eine gewundene Säule kanneliert, als Nadel endet, Millionen von Menschenwesen, sogar in seiner Legende, sogar in seinem wunderbaren Namen verborgen bleibt?«
> (Neruda: Ich bekenne, ich habe gelebt, S. 226-227).

Die beinahe kindlich anmutende Entdeckerfreude Nerudas, seine Lust, Gedanken wie eine Spirale ins Unendliche zu drehen und sich dennoch mit Ernst und Leidenschaft »absurden« Fragen des Lebens hinzugeben, gilt auch den Nachforschungen zur Etymologie des Mythos Narwal.

> »Von seinem Namen – Narwhal oder Narwal – kann ich sagen, daß es der herrlichste der Unterseenamen ist, der Name eines singenden Seepokals, Name eines kristallenen Schiffsschnabels.
> Und warum kennt dann niemand seinen Namen?
> Warum gibt es keine Leute namens Narwal, das schöne Haus der Narwal und keinen Narwal Ramirez oder Narwala Carvajal?
> Es gibt sie nicht.
> Das Meereinhorn verharrt in seinem Geheimnis, in seinen Strömungen transmarinen Dunkels mit seinem langen Elfenbeindegen, versunken im unbekannten Ozean«
> *(Ebenda, S. 227).*

Die Blaue Blume von Temuco

In Blautönen zeichnet Neruda nicht nur Himmel und Meer, seine Meeresgöttin Chascona, sondern auch den kalten, regnerischen Süden Chiles. Er preist das glänzende Blau einer Blume, die selbst die Menschen seiner Umgebung nicht mehr wahrzunehmen schienen:

> »Bauern und Fischer meines Landes haben seit langem die Namen der kleinen Pflanzen, der kleinen, nun namenlosen Blumen vergessen. Nach und nach haben sie sie vergessen, und die Blumen haben langsam ihren Stolz verloren. Sie gerieten unansehnlich durcheinander wie die Steine, welche die Flüsse aus dem Andenschnee bis an die unbekannten Küsten mit sich führen. Bauer und Fischer , Bergbauarbeiter und Schmuggler sind ihrer eigenen Rauheit treu geblieben, dem unablässigen Streben und Auferstehen ihrer Pflichten, ihrer Niederlagen. Düster ist es, Held noch unentdeckter Gebiete zu sein; wahr ist, daß in ihnen, in ihrem Gesang nur das namenloseste Blut leuchtet und die Blumen, die keiner kennt.

> Unter diesen ist eine, die mein ganzes Haus überwuchert hat. Es ist eine blaue Blume von langer, stolzer, glänzender und widerstandsfähiger Gestalt. Auf ihrer äußersten Spitze balancieren die vielfältigen kleinen infra- und ultrablauen Blüten. Ich weiß nicht, ob es allen Sterblichen vergönnt sein wird, das erhabenste Blau der Welt zu betrachten. Soll es nur wenigen offenbart bleiben? Wird es verschlossen bleiben, unsichtbar für andere Menschenwesen, denen irgendein blauer Gott diese Betrachtung verwehrt hat? Oder handelt es sich hier um meine eigene Freude, genährt in der Einsamkeit, verwandelt in Stolz und darauf versessen, diesem Blau, dieser blauen Welle, diesem blauen Stern im verlassenen Frühling zu begegnen?«
> *(Ebenda, S. 308)*

Auf einer ersten konkreten Ebene haben wir es mit der Beschreibung einer Blume zu tun, die in Vergessenheit geraten ist, obwohl sie »von langer, stolzer, glänzender und – zugleich – widerstandsfähiger Gestalt« ist. Wie kann es sein, dass eine Blume von »solch erhabenem Blau« unsichtbar für »andere Menschenwesen« bleibt? Verwehrt der »blaue Gott« aus Neid und Eifersucht die Betrachtung der blauen Blume und erstickt damit Freuden und Sehnsucht der Menschen, »die ihrer eigenen Rauheit treu geblieben sind«? Die Transzendenz dieser über sich hinausweisenden Naturbetrachtung erschließt sich vor allem in der Frage, ob das »erhabenste Blau« nur Wenigen offenbart werden soll?

Ganz sicher teilt der Autor mit Novalis das starke Gefühl von Sehnsucht nach Wahrheit, Reinheit und Erkenntnis, aber auch nach dem Unfassbaren und dessen »Suche nach der Blauen Blume«, wenn er aus dem Gefühl von Freude heraus darauf »versessen ist, diesem Blau, dieser blauen Welle, diesem blauen Stern im verlassenen Frühling zu begegnen«.

Im »Canto General« (Der große Gesang), einem gewaltigen Versepos, das nach vielen Jahren des Reisens innerhalb des lateinamerikanischen Kontinents, Europas und Asiens Ende der 30-er Jahre entstand, legt Neruda Zeugnis vom Höhepunkt seines literarischen Schaffens ab. In diesen Versen kehrt er zu den indianischen Wurzeln lateinamerikanischer Kulturen der Mayas, Azteken, Inkas und Araukanern zurück, zeigt den langen

Weg des Befreiungskampfes und nimmt auch Stellung zu der Rolle, die dem Dichter nach seiner Ansicht zukommt: nämlich auf der Seite »der Menschen ohne Schuh und Schule« zu stehen *(vgl. dazu Vorwort von Karsten Garscha. In: Neruda, der Große Gesang. dtv. Hamburg 1993).*

Der Canto General ist große Poesie und Kulturgeschichte zugleich, ist Philosophie des indianischen Alltags und Beobachtung der Natur, ist Liebeserklärung an Chile und seine »einfachen« Menschen, seine compañeros, seine »Arbeiter der Meere« und des »Salpeters«, ist Anklage gegen die conquista und die Faschisten der Moderne, gegen »Ausbeuter«, »Dünkelhafte« und »Begünstigte«, gegen die »himmlischen Dichter« die selbstverliebt in Wolkenkuckucksheime entschwinden, statt dem Volk ihre Stimme zu leihen, ist Gedenken der Flüchtlinge und zugleich Ausdruck von Hoffnung »trotz des Wütens«.

ARBEITER DER MEERE

In Valparaiso luden mich die Arbeiter der Meere ein: klein waren sie, hart,
und ihre verbrannten Gesichter waren die Geographie
des Stillen Ozeans: waren eine Strömung
im Innern der unermeßlichen Wasser, ein Wogenmuskel,
ein Schwarm von Meeresflügeln im Sturm.
Schön war es, sie als kleine arme Götter zu sehn,
halbnackt und unterernährt; schön war es,
sie kämpfen und sich ereifern zu sehen
mit anderen Männern von jenseits des Ozeans,
mit anderen Männern aus anderen elenden Häfen,
und ihnen zuzuhören,
sie hatten die gleiche Sprache, Spanier und Chinesen,
Sprache aus Baltimore und Kronstadt,
und da sie die »Internationale« sangen, stimmte ich mit ein:
eine Hymne kam aus meinem Herzen, »Brüder« wollte ich
zu ihnen sagen,
aber ich hatte nur zärtliche Liebe, die zum Lied mir wurde:
und die mit ihrem Singen von meinem Munde reichte

bis aufs Meer.
Sie nahmen mich für ihresgleichen, umarmten mich mit
ihren machtvollen Blicken,
ohne ein Wort mir zu sagen,
sahen sie mich an und sangen.
(Ebenda, S. 255)

Aber auch der Flamingo und die Leguan-Echse, die »Höhen von Machu Picchu« oder der »Orinoco« haben Platz in diesem, alles umspannenden literarischen Universum Nerudas.

In unnachahmlichen Bildern, zart und voller Vitalität zugleich, lässt Neruda das »baumgestandene Amerika« auferstehen:

»… Es keimte die Nacht
in Städten aus heiligen Rinden,
in helltönenden Hölzern,
gewaltige Blätter deckten
das werdende Gestein, die Geburten.
Grüner Mutterschoß, amerikanische
samenträchtige Savanne, dichtes Gewölb,
ein Zweig ward geboren, inselgleich,
ein Blatt nahm Schwertgestalt an,
eine Blume wurde Blitz und Meduse,
eine Taube rundete ihre Substanz,
eine Wurzel senkte sich in die Finsternis hinab.«
(Ebenda, S. 9-10)

In dem Gedicht »Die Vögel erscheinen« werden die Tiere der Kordilleren und Ozeane in prächtigen Bildern besungen:

»…Alle Adler des Himmels nährten ihr blutges Geschlecht im unbewohnten Blau, und auf Raubtierschwingen flog über der Welt der Kondor, König der Mörder, des Himmels einsiedlerischer Mönch, schwarzer Talisman des Schnees, der falkenbeize Orkan …«
(Ebenda, S.12)

Blau – die kosmische Farbe

Blautöne durchziehen die gesamte Dichtung Nerudas. Dem Himmelsblau tritt das Meeresblau in unzähligen Schattierungen zur Seite. Die »schönste aller Farben«, wie er in seiner Ode an den Dichterfreund Federico Garcia Lorca bekennt, verheißt ihm Freiheit und Würde, verspricht Hoffnung und lässt Freude aufsteigen.

Azul gehört für ihn, ähnlich wie die Azurbezeichnungen im Italienischen, zur »Plusseite« des Farbenspektrums. Nichts deutet darauf hin, dass Neruda sich je mit etymologischen Fragen der Farbbezeichnungen über das Blau beschäftigt hätte. Sicher wusste Neruda nicht, dass die germanischen Bezeichnungen blau – bleu – blue eher negative Konnotationen freisetzen und in eine bedrohliche Nähe zu pâle, blass geraten sind; wohingegen die romanischen Blaubezeichnungen, wie azul, azur, oder azurro positive Gefühle evozieren, was durch die, wenn auch ferne Verwandtschaft zu lapislazuli, edle kostbare Steine – hervorgerufen wird.[3]

Die emotional-affektive Wirkung der Farbe Blau, als Farbe der Ferne und der Sehnsucht, als der Farbe der Verheißung und der Transparenz hat dieser mit allen Sinnen empfindende Dichter ganz gewiss intuitiv erahnt, wie folgende Begebenheit verrät, die er in seiner Autobiografie erwähnt:

> EIN NEUES JAHR BEGINNT
>
> Ein Journalist fragt mich:
> »Wie sehen Sie die Welt in diesem Jahresbeginn?«
> Ich antworte:
> »In diesem Augenblick, am 5. Januar um neun Uhr zwanzig,
> sehe ich die Welt vollkommen rosig und blau. Dies hat keinerlei
> literarische, politische, subjektive Voraussetzungen. Es bedeutet nur,
> daß durchs Fenster mein Blick auf unzählige rosa Blumen

---

[1] In ihrer kleinen Geschichte der Farbnamensforschung »Von Blaustrümpfen und Blaumäulern. Linguistische Betrachtungen zu einem plümeranten Thema« geht Regina Keil u. a. der Frage nach, ob die Römer wirklich farbenblind waren, weil sie kein Abstraktum für – blau – kannten, und welche »Schuld« die Griechen daran hatten.

> fällt und weiter entfernt der Pazifik und der Himmel in blauer
> Umarmung verschmelzen, ...«
> (Ebenda, S. 304)

Die Verschmelzung von Himmel und Meer am Horizont hat zunächst einen starken Realitätsbezug und wird von Neruda als Naturschauspiel von außergewöhnlicher Schönheit in einem ausdrucksvollen Bild beschrieben, das uns an die von Kandinsky der Farbe Blau zugeschriebene »Vertiefungsgabe« erinnern lässt.

In der Vorstellung einer »blauen Umarmung« der Naturelemente Himmel und Meer wird das Blau zur »kosmischen Farbe« schlechthin, wie sie auch »in der Ikonographie der ägyptischen Religion allgegenwärtig auftritt«, so Dietrich Wildung in seinen kulturhistorischen Ausführungen über das »Ägyptische Blau«:

> »Tag- und Nachtlauf der Sonne über das blaue Firmament und
> durch Tiefen des blauen Urgewässers vollziehen sich im Blau.
> Dieses kosmische Blau – nicht mehr zu unterscheiden in Wasser und
> Himmel, sondern – zur Einheit verschmelzend ...«
> (Dietrich Wildung: Ägyptisch Blau. In: Blau: Farbe der Ferne. Hrsg. von
> Hans Gercke. Heidelberg 1990, S. 55)

Scherzhaft, aber doch tiefsinnig, greift Neruda die »kosmische Bedeutung« der Farbe Blau schließlich durch seine Frage auf:

> »¿Quiénes gritaron de alegria quando nació el color azul?«
>   Wer schrie vor Freude, als das Blau geboren wurde?[4]

Die Antworten, die aus verschiedenen Ländern in dieser Anthologie vorliegen, sind so unterschiedlich und eigenartig wie die Menschen, die sie gefunden haben:

---

[4] Beinahe einhundert naiv anmutende Fragen finden wir in dem Buch »Libro de las preguntas«, das von Andres Bello herausgegeben und von Osorio Guzman illustriert wurde. Erhältlich ist diese ansprechende Ausgabe in der Fondación Pablo Neruda in Isla Negra.

Es waren Kinder, Jugendliche und Erwachsene zwischen sechs und sechsundachtzig, darunter Profi-Schreiber und solche, die zum ersten Mal in ihrem Leben überhaupt einen schriftlichen Text verfasst haben, entweder in ihrer Muttersprache oder in der ihnen fremden deutschen Sprache. Ich bin mir sicher, der Dichter Don Pablo hätte seine Freude an der Lektüre dieser eigenwilligen Elaborate.

Über das Blau in die Freiheit

Wie die »blaue Verschmelzung« zwischen einem blau gestrichenen Gefängnis und der blauen Luft einem Gefangenen die Flucht ermöglicht, erzählt die Geschichte »In der Haut eines Löwen« von Michael Ondaatje:

>»Das Blechdach des Gefängnisses war blau.
>Sie strichen das Dach des Leuchthauses in Kingston blau bis an den Himmelsrand, und die drei Männer, die da arbeiteten, konnten nach einer Weile die genaue Grenze nicht mehr unterscheiden ...
>Mittags, nach vier Stunden, hatten sie das Gefühl, auf der blauen Luft gehen zu können.
>Die Häftlinge Buck und Patrick und Caravaggio wußten, daß dies ein Trick war, eine Beleidigung der Sinne. Wozu ein absichtlich blaues Dach? Es gab Augenblicke, in denen Patrick Lewis mit dem Regierungspinsel in der Hand erstarrte. Mit einem scheinbar harmlosen Schritt fiele er durch die Luft und würde sterben ...
>Wenn sie lang genug malen würden, wären sie ausgelöscht, blaue Vögel an einem blauen Himmel ...
>Grenzziehung, sagte der Häftling namens Caravaggio. Das ist alles, was wir uns merken müssen.
>Und so entkam er: Ein langer doppelt gelegter Gürtel, unter seinen Schultern hindurch geführt, band ihn an die Kuppel, damit er mit ausgestreckten Armen baumeln konnte, während Buck und Patrick ihn anmalten, seine Hände und Stiefel und Haare mit Blau bedeckten. Sie schmierten Farbe auf seine Kleider, legten ihm dann einen Taschentuchfetzen über die Augen und malten sein Gesicht blau an,

so dass er verschwunden war – für die Wachen, die heraufblickten und nichts sahen.«
(In: Blau – Farbe der Ferne, S. 1)

Eine »wahre Begebenheit«, Wunschtraum eines Gefangenen, sich im »blauen Nichts« aufzulösen oder blauer Dunst der Poesie? Auf jeden Fall eine anarchische Blau-Geschichte, die Pablo Neruda gefallen und vielleicht zu einem Gedicht »Flucht in Blau« inspiriert hätte.

Trotz seines wechselvollen Lebens, seiner literarischen und politischen Entwicklung, die ihn so häufig zur Flucht zwang, ins Exil trieb und ihn mit immer neuen, unabsehbaren Situationen konfrontierten, blieb sich Neruda treu. Er war Aufklärer und Träumer zugleich, Kommunist und Pazifist, Realist und Fantast, ein großes Kind und ein trauriger Weiser, vor allem aber war er ein großer Volksdichter, der sich zeit seines literarischen Schaffens existenzieller Themen der Menschheit annahm.

Immer wieder war es die Liebe, die er in seinen Versen besang, in der frühen Jugend durchaus gelegentlich romantisierend, nie aber sentimental. Eine ähnlich wichtige Bedeutung innerhalb seines gesamten literarischen Werks nahmen Freundschaft und Solidarität mit den Unterdrückten seines Landes sowie die Verbundenheit mit der Natur, den »gewaltigen Ozeanen« oder die »zaubrischen Regenwälder« ein. Sowohl das Liebessonett als auch der politische Appell oder die Hommage an die compañeros in der Salpeterwüste von Atacama, das Freiheitsgedicht, wie auch die »Ode an die Zwiebel« hatten Platz in diesem grenzenlosen literarischem Universum.

Neruda war sich seines »Dienstes an der Bürgerschaft« bewusst und fühlte sich deshalb seiner literarischen Verantwortung verpflichtet. Die Freiheit des Dichters jedoch blieb davon unberührt.

»Wer bestimmt, ob die Verse kürzer oder länger sein müssen, schlanker oder breiter, gelber oder röter? Das bestimmt der Dichter, der sie schreibt.
Er bestimmt es mit seinem Atem und seinem Blut, mit seinem

Wissen oder seinem Unwissen, denn all das geht ein in das Brot der Poesie.«
(Neruda: Ich bekenne, ich habe gelebt, S. 356)

Am 23. September 1973 stirbt Neruda. Eingeliefert wegen eines Krebsleidens in das Zentralkrankenhaus von Santiago de Chile, vernimmt er vom Putsch der Generals Pinochet gegen das chilenische Volk, von der Ermordung des Präsidenten und Freundes Salvador Allende und von der Drohung, erneut außer Landes vertrieben zu werden.

»Einen Don Pablo schickt man nicht ein zweites Mal ins Exil«, sollen die letzten Worte Nerudas gewesen sein.

Register der Autorinnen und Autoren

Peter Härtling, *S. 22* — Schriftsteller (Mörfelden)
Ümmet, *S. 24* — Schüler türkischer Herkunft (Nürnberg)
Christa Wolf, *S. 25* — Schriftstellerin (Berlin)
anonym, *S. 28* — türkischer Schüler (Erlangen)
Sor Ursula, *S. 29* — Dozentin an der Universität Metropolitana (Santiago de Chile)

Martin Benrath, *S. 30* — Schauspieler (Herrsching)
anonym, *S. 31* — türkischer Schüler (Erlangen)
Petra Schürmann, *S. 32* — Fernsehmoderatorin (Starnberg)
Klaus Neumann, *S. 33* — Regisseur und Journalist (München)
Lutz Götze, *S. 34* — Sprachwissenschaftler (Saarbrücken/Herrsching)

Tsering Wangmo, *S. 38* — Schriftstellerin tibetischer Herkunft (Los Angeles)

Otto Schober, *S. 39* — Sprachdidaktiker (Bamberg)
Carmen Ana Pont-Cudell, *S. 41* — Schriftstellerin (San Juan, Puerto Rico/Esneux, Belgien)

Hans Förstl, *S. 42* — Psychiater (München)
Sinkin, *S. 44* — Schülerin türkischer Herkunft (Nürnberg)
Mary Waegner, *S. 45* — Lektorin (Nürnberg)
Cyrus Atabay, *S. 49* — Lyriker (München/Teheran)
Doris Schade, *S. 50* — Schauspielerin (München)
Bernhard Weisgerber, *S. 52* — Sprachwissenschaftler (Bonn-Mehlem)
Herbert Reinecker, *S. 54* — Schriftsteller und Fernsehautor (Berg)
anonym, *S. 56* — Schüler russischer Herkunft (Erlangen)
Rose-Elena Maldonado-Bronnsack, *S. 57* — Lektorin (Nürnberg/Arequipa, Peru)
Kaspar H. Spinner, *S. 58* — Literaturwissenschaftler und Didaktiker (Augsburg)

Şinasi Dikmen, *S. 59* — Kabarettist (Frankfurt/Istanbul)
Lena Mayer, *S. 61* — Schülerin (Nürnberg)
Pavel Petkov, *S. 62* — Philosoph (Sofia)

Jürgen Baurmann, S. 64	Schreibforscher (Wuppertal)
Laura, S. 65	Grundschülerin (Bonn)
Herbert Michel, S. 67	Lehrer an Deutscher Begegnungsschule (San Juan, Costa Rica)
Alejandra Pizarnik, S. 68	Schriftstellerin (Buenos Aires)
Claus Schulte-Uebbing, S. 69	Frauenarzt und Umweltmediziner (München)
G. Krishnamurthy, S. 71	Deutschlehrer und Dozent (Madras)
Reiner Kunze, S. 72	Lyriker, Obernzell-Erlau
Andrea, S. 74	Studentin brasilianischer Herkunft (Rio de Janeiro/Nürnberg)
Markus Zitzmann, S. 75	Musiker (Bamberg)
Johanna Forster, S. 77	Verhaltensforscherin und Pädagogin (Pfaffenhofen/Kapstadt)
Habib Bektaş, S. 82	Schriftsteller und Kneipier (Erlangen)
Walter Gebhardt, S. 86	Literaturwissenschaftler (Bayreuth)
Jutta Wolfrum, S. 87	Lektorin (Thessaloniki)
Helmut Grau, S. 88	Sprachabteilungsleiter des Goethe-Instituts (Rom/Santiago de Chile)
Peter Apelt, S. 90	Sprachabteilungsleiter des Goethe-Instituts (Buenos Aires)
Bele Bachem, S. 92	Malerin (München)
Günter Grass, S. 95	Schriftsteller und Maler (Lübeck)
Guy Stern, S. 96	Literaturwissenschaftler (Detroit)
Helmut Holoubek, S. 98	Sprachdidaktiker (Bamberg)
Karl Schuster, S. 99	Sprachdidaktiker (Bamberg)
Suzanne Schatt, S. 100	Hotelmanagerin (Duala/Kribi, Kamerun)
Peter Seufert, S. 101	Leiter einer Berufsschule (München)
Jobst Koss, S. 102	Psychologe (Starnberg)
Gabriele Pommerin-Götze, S. 104	Sprachdidaktikerin (Herrsching)
Mario Adorf, S. 106	Schauspieler (Rom)
Walter L. Fischer, S. 108	Mathematiker (Nürnberg)
anonym, S. 109	Junge aus Argentinien (Buenos Aires)
Michael Robert Meil, S. 110	Sachbearbeiter (Erlangen)
Gottfried Wagner, S. 112	Schriftsteller und multimedialer Regisseur (Cerromaggiore)
Andromachi Panagiotidou, S. 113	Doktorandin (Thessaloniki)
Ben Brumfield, S. 119	Journalist (Atlanta)
José F. A. Oliver, S. 120	Lyriker (Hausach/Malaga)
Wolfgang Niedecken, S. 121	Musiker der Rockgruppe BAP (Köln)
Ortwin Beisbart, S. 122	Sprachdidaktiker (Bamberg)
Gino C. Chiellino, S. 124	Lyriker und Lektor (Augsburg/Carlopoli)
Zarra, S. 128	Schülerin afghanischer Herkunft (Bonn)
Margot Hielscher, S. 130	Schauspielerin (München)

Literaturnachweis

Atabay, Cyrus (1977): Das Auftauchen an einem anderen Ort. Gedichte. Insel Verlag, Frankfurt a. M.
Brito, Marty (1993): Wohin gehen die geträumten Dinge? »Aus dem Buch der Fragen« von Pablo Neruda mit Antworten von Kindern aus Chile. Eigen Verlag, Bremen.
Erdmann, Hanna (1990): Sinn und Gebrauch der Farbe Blau in der islamischen Welt. In: Blau: Farbe der Ferne. Hrsg. von Hans Gercke, a.a.O., S. 71-81.
Farias, Victor: » ›Maremoto‹ ist ein anderes Wort für das Grauen. In: Frankfurter Allgemeine Zeitung vom 23.11.1996.
Gercke, Hans (Hrsg.) (1990): Blau: Farbe der Ferne. Verlag Das Wunderhorn, Heidelberg.
Goethe, Johann Wolfgang (1808): Sinnlich-sittliche Wirkung der Farbe. In: Sämtliche Werke. Band 16. Artemis Verlag/Deutscher Taschenbuch Verlag, Zürich 1977, S. 206-211.
Herrera, Hayden (1992): Frida Kahlo. Die Gemälde. Deutsch von Manfred Ohl und Hans Sartorius. Verlag Schirmer und Mosel, München/Paris/London.
Hoeppe, Götz (1999): Blau. Die Farbe des Himmels. Spektrum Akademischer Verlag, Heidelberg/Berlin.
Humboldt, Wilhelm von (1820): Werke. Band 3. Schriften zur Sprachphilosophie. Ueber das vergleichende Sprachstudium in Beziehung auf die verschiedenen Epochen der Sprachentwicklung. Wissenschaftliche Buchgesellschaft, Darmstadt, 5., unveränderte Auflage 1979.
Kaas, Harald (1987): Uhren und Meere. Erzählungen. Hanser Verlag, München.
Kandinsky, Wassily (1952): Über das Geistige in der Kunst. 10. Auflage, mit einer Einführung von Max Bill. Benteli Verlag, Bern.
Keil, Regina (1990): Von Blaustrümpfen und Blaumäulern. Linguistische Betrachtungen zu einem plümeranten Thema. In: Blau: Farbe der Ferne. Hrsg. von Hans Gercke, a.a.O., S. 209-233.
Koelbl, Herlinde (1998): Im Schreiben zu Haus. Wie Schriftsteller zu Werke gehen. Fotografien und Gespräche. Knesebeck GmbH & Co. Verlags KG, München.
Kunze, Reiner (2000): Ein tag auf dieser erde. Gedichte. Fischer Taschenbuch Verlag, Frankfurt a. M.

Laschen, Gregor/Schiffer, Wolfgang (Hrsg.) (1992): Ich hörte die Farbe Blau. Poesie aus Island. Edition die horen. Verlag für neue Wissenschaft GmbH, Bremerhaven.
Lasker-Schüler, Else (1992): Mein blaues Klavier. Mit Bildern von Lieselotte Schwarz. Büchergilde Gutenberg, Frankfurt a. M./Wien.
Leal, Antonio (1996): El Crepúsculo de la política. Editado por LOM Ediciones, Santiago de Chile.
Lochmann, Angelika/ Overath, Angelika (Hrsg.) (1988): Das Blaue Buch. Lesarten einer Farbe. Krater Bibliothek/Greno, Nördlingen.
Marc, Franz (1988): Botschaften an den Prinzen Jussuf. Geleitwort von Maria Marc. Einführung von Gottfried Sello. Mit 16 Farbtafeln und 2 Schwarzweißabbildungen im Text Piper Verlag, München/Zürich, 9., veränderte Auflage.
Mare No. 15 (1999): Die Zeitschrift für Meere. Blau. Berlin August/September.
Neruda, Pablo (1979): Die Verse des Kapitäns. Sammlung Luchterhand, 4. Auflage, Darmstadt und Neuwied.
Neruda, Pablo (1979): Ich bekenne, ich habe gelebt. Memoiren. Deutsch und mit einem Nachwort von Curt Mayer-Clason. Sammlung Luchterhand, 4. Auflage, Darmstadt und Neuwied.
Neruda, Pablo (1984): Aufenthalt auf Erden. Gedichte (1925-1945). Deutsch von Erich Arendt und Stephan Hermlin. Deutscher Taschenbuchverlag, München.
Neruda, Pablo (1985): Memorial von Isla Negra. Hrsg. von Karsten Garscha. Luchterhand Verlag, Darmstadt und Neuwied.
Neruda, Pablo (1991): Maremoto. Beben des Meeres. Erste Auflage 1991 der deutschsprachigen Ausgabe: DA Verlag Das Andere, Nürnberg.
Neruda, Pablo (1992): Libro De Las Preguntas. Obra Postuma. Editonal Planeta Chilena, Santiago de Chile.
Neruda, Pablo (1993): Der Große Gesang. Gedichte. Deutsch von Erich Arendt. Hrsg. von Karsten Garscha. Deutscher Taschenbuch Verlag, München.
Neruda, Pablo (1996): Liebesbriefe an Albertina Rosa. Zusammengestellt, eingeführt und mit Anmerkungen versehen von Sergio Fernández Larrain. Aus dem Spanischen von Curt Mayer-Clason. Insel Verlag, Frankfurt a.M. und Leipzig.
Neruda, Pablo (1996): Cuadernos de Temuco (1919-1920). Editión y prólogo de Victor Farias. Compánia Editora Espasa Calpe Argentina S.A./Seix Barral, Buenos Aires.
Neruda, Pablo (1996): Hungrig bin ich, will deinen Mund. Liebessonette. Spanisch/deutsch. Auswahl, Nachdichtung und Nachwort von Fritz Rudolf Fries. Luchterhand Literaturverlag, München.
Neruda, Pablo (1998): Liebesgedichte. Spanisch-deutsch. Deutsch von Fritz Vogelsang. Deutscher Taschenbuch Verlag, 7. Auflage, München.
Neruda, Pablo (1999): Crepuscularia (1920-1923). Editorial Andres Bello, Santiago de Chile.
Neruda, Pablo (2000): Balladen von den blauen Fenstern. Gedichte. Spanisch/deutsch. Auswahl, Nachdichtung und Nachwort von Fritz Rudolf Fries. Luchterhand Literaturverlag, München.

Oliver, José F. A. (1997): austernfischer, marinero, vogelfrau. Liebesgedichte und andere Miniaturen. Verlag das Arabische Buch, Berlin.

Ondaatje, Michael (1990): In der Haut eines Löwen. In: Blau: Farbe der Ferne. Hrsg. von Hans Gercke. a.a.O., S. 1.

Overath, Angelika (1987): Das andere Blau. Zur Poetik einer Farbe im modernen Gedicht. Metzlersche Verlagsbuchhandlung, Stuttgart.

Overath, Angelika (1990): Das andere Blau. Kleiner Spaziergang an einen fernen Horizont der Poesie. In: Blau: Farbe der Ferne. Hrsg. von Hans Gercke. a.a.O., S. 164-172.

Riedel, Ingrid (1999): Farben in Religion, Gesellschaft, Kunst und Therapie. Kreuz Verlag, Stuttgart.

Saller, Walter (1999): Wie das Indigo nach Europa kam. Vasco da Gama half den Malern. In: Mare No. 15, a.a.O., S. 93.

Schaarschmidt-Richter, Irmtraud (1990): Blau in der ostasiatischen Kunst. Farbe der Konzentration – Farbe des Unbestimmten. In: Blau: Farbe der Ferne. Hrsg. von Hans Gercke, a.a.O., S. 57-70.

Schrott, Raoul (1999): Die Erde ist blau wie eine Orange. Polemisches, Poetisches, Privates. Deutscher Taschenbuch Verlag, München.

Seghers, Anna (1993): Das wirkliche Blau. Erzählung. Eine Geschichte aus Mexiko. Aufbau Taschenbuch Verlag, Berlin.

Theroux, Alexander (1999): Blau. Anleitungen eine Farbe zu lesen. Aus dem Amerikanischen übersetzt von Michael Bischoff. Europäische Verlagsanstalt/Rotbuch Verlag, 3. Auflage, Hamburg.

Wildung, Dietrich (1990): Ägyptisch Blau. In: Blau: Farbe der Ferne. Hrsg. von Hans Gercke, a.a.O., S. 53-56.

Die Erstausgabe dieses Buches
wurde in limitierter Auflage
von 3000 Exemplaren hergestellt.

Dieses Buch trägt die Nummer:

1832